Catalogue of Ancient Coins in the Ossoliński National Institute

Part 6

Coins of the Roman Empire.
Pertinax–Severus Alexander

Zakład Narodowy im. Ossolińskich

Adam Degler

Katalog starożytnych monet w zbiorach Zakładu Narodowego im. Ossolińskich

Część 6

Monety Cesarstwa Rzymskiego.
Pertynaks–Aleksander Sewer

Zakład Narodowy im. Ossolińskich – Wydawnictwo
Wrocław 2016

Ossoliński National Institute

Adam Degler

Catalogue of Ancient Coins in the Ossoliński National Institute

Part 6

Coins of the Roman Empire. Pertinax–Severus Alexander

Ossoliński National Institute – Publishing House
Wrocław 2016

Recenzja / Reviewed by Helle Horsnæs

Tłumaczenia / Translations: Adam Degler
Korekta w języku angielskim / Proofreading in English: Agnes Kerrigan, Tomasz Borkowski
Specjalistyczne konsultacje językowe / Language consultant (technical language): Barbara Wagner
Korekta / Proofreading: Stanisława Trela
Fotografie / Photographed by: Andrzej Niedźwiecki

ISBN 978-83-61056-85-0

Druk / Printed by: Wrocławska Drukarnia Naukowa PAN im. Stanisława Kulczyńskiego Sp. z o.o.

Work on the publication was supported in the framework of the project 'Finds of Roman coins from Poland and the territories connected historically with Poland' (supervisor: Aleksander Bursche, Institute of Archaeology at the University of Warsaw, project financed by the Ministry of Science and Higher Education, project no. 0047/NPRH2/H11/81/2012).

Prace nad publikacją wspierane w ramach, finansowanego przez Ministerstwo Nauki i Szkolnictwa Wyższego, projektu „Znaleziska monet rzymskich z ziem Polski i historycznie z Polską związanych" (kierownik: Aleksander Bursche, Instytut Archeologii Uniwersytetu Warszawskiego, numer projektu 0047/NPRH2/H11/81/2012).

Photo on the cover: East Germanic imitation of Severus Alexander's aureus (Cat. No.: 278)

Contents

Preface

The sixth consecutive volume of the catalogue of the collection of ancient coins in the Ossoliński National Institute appears after a twelve-year long break and thirty years after the publication of the first volume. The continuation of the work begun by the curator Gabriela Sukiennik is one of the main objectives that her successors can and should try to accomplish. I hope that the publication of this volume will be an appropriate expression of gratitude to the late curator for providing the model of five previous volumes, which is emphasized by the unchanged graphic design.

The sixth volume of the catalogue records the part of the collection of coins beginning with the reign of Pertinax (A.D. 193), and ending with the reign of Severus Alexander (A.D. 222–235). To-date, five volumes of the catalogue have been published, covering material from the Republic to the reign of Commodus ([12], [13], [14], [15] and [16]). In the Severan age, the scale of production of bronze coins in Roman provincial mints increased enormously. Although such coins were included in the previous volumes, they have not been included in this one, in accordance with the concept of publishing coins of the Roman provinces and colonies in the *Sylloge Nummorum Graecorum* series.

The main objective I pursued until recently in my work on the catalogue was to show that the Severan era was the first stage of a longer process of transformation of Roman coinage (ended in a system based on the solidus in the reign of Constantine the Great) and that these co-occurring phenomena, connected with both the continuity and the ongoing changes in this era, are reflected in the collection of ancient coins in the Ossolineum [7]. The recent acquisitions to the Ossolineum collection (compare the last two Tables) directed my attention, however, to the question of the gold barbarous imitative coinage of the 3rd century, which is extremely important to the proper understanding of the phenomenon of imitating Roman solidi and medallions, and perhaps, to some extent, also the production of Scandinavian gold bracteates (Degler 2015 – see: References). Two barbarous imitations that were examined metallurgically will serve as a reference point for future similar research on this subject.

The material is divided into five chapters. Ancient coins are presented in the first four, and modern coins of Severan types as well as doubtful specimens are grouped together in the fifth chapter. The first three chapters describe the coins recognized as official, i.e. struck in one of the mints with the right to produce coins in the system based on the denarius, whereas the fourth part comprises specimens recognised as unofficial ones, struck or cast outside the central mints. This manner of presenting the material emphasizes characteristics that indicate the beginning of not only the monetary crisis, but also changes in Roman coinage in the Severan era.

The catalogue contains 195 denarii, forty-eight sestertii, nineteen asses, five dupondii, two antoniniani and two aurei, including one imitative aureus. Two of the coins – the aureus struck by Pertinax and the denarius of Elagabalus – are variants not listed in the reference works. These coins have the following catalogue numbers: no. 1 – Pertinax's aureus (Providentia raises only one hand towards the large star of unusual shape), no. 132 – Elagabalus' denarius (there is a round shield instead of an oval one between standards). The names of the nominals are not used in the fifth chapter, except for some footnotes.

The basis of classification and description of coins gathered in this volume are the corpora *Roman Imperial Coinage* (RIC – IV/1 and IV/2 volumes) and the catalogues

Coins of the Roman Empire in the British Museum (BMCRE – volumes V and VI). The order adopted in this volume of the catalogue is different from the order adopted in the previous ones in that it is based on the chronology of issues of certain coin types by BMCRE. The RIC – Catalogue Nos. concordance should facilitate finding particular type with the reference based on the RIC. To make the catalogue more comprehensible, the BMCRE order is modified to some extent. The order of the material in the first three chapters (I–III) is as follows: the ruler – his wife(s) – caesar(s) – other members of the family, and then, metals – mints – issues. The coins of the co-rulers with the titles of *augustus* are presented separately (e.g. Septimius Severus and Caracalla). The general order adopted in chapters IV–V is different. In chapter IV coins are grouped in as follows: the feature of a coin as a characteristic of an unofficial mint – the mint in which the prototypes were struck – the portrait on the obverse. The order in chapter V is as follows: the type of prototypical denomination – alloy – the portrait on the obverse.

Only the official coins are arranged according to strict chronological divisions. The total number of 232 specimens was recognized as official, of which 218 were struck in the mint of Rome, four in Laodicea ad Mare and seven in Laodicea ad Mare or Cappadocian Caesarea. In BMCRE the latter coins are described as 'Emesa' or 'Laodicea or Emesa', but the theory that there was a monetary production in the Severan era in Emesa is now being abandoned, and the assumption that Cappadocian Caesarea struck coins in the system based on the denarius is gaining support ([1], p. 502; [7], p. 42). Three coins were minted during the reign of Elagabalus and Severus Alexander in an unidentified eastern mint. Now it should be emphasized that these quantitative relations may be actually slightly different, since – as was proved by Gitler and Ponting – as far as the coin types common for Rome and eastern mints are concerned, the identification of the mint can sometimes be possible only by means of metallurgical examinations ([9], p. 40, table B). Therefore, the coins were attributed to the eastern mints only if it was clearly evident from the style (Cat. Nos. 69, 75 & 175), and all others that did not show any distinctive stylistic features were attributed to the mint of Rome, with appropriate comments in the footnotes (Cat. Nos. 21, 22, 49, 79, 84, 133, 144, 147 & 148).

Septimius Severus drastically reduced the silver the content of silver in denarii. This devaluation is variously dated, but there is no doubt that the reason for it was the necessity to cover the costs of the civil wars in A.D. 193–197. Gitler and Ponting's research shows that, although the content of silver in denarii from the eastern mints decreased to 50–45 per cent as early as in A.D. 193, the denarii issued in the mint of Rome with the IMP VII legend had still more than 60 per cent of silver in the alloy. However, those with the IMP VIII legend had no more than 50–45 per of cent silver in the alloy ([9], pp. 55–57, 65–66). This means that the change occurred in A.D. 196 in the mint of Rome, perhaps in the latter part of the year. The next step towards the deterioration of coinage was made by Caracalla in A.D. 214 or 215, when the emperor introduced a new denomination, the antoninianus. It had a value equal to two denarii, the weight of only one-and-a-half denarius, and contained – similarly to a devalued denarius – no more than 50 per cent of silver in the alloy. It seems that it was a move motivated by the desire to generate more profit for the imperial treasury, and not a reform as it is usually referred to, even in specialist literature. In addition, Caracalla introduced another double denomination in gold, valued at two aurei (binio) and lowered the average weight of an aureus by five per cent. The antoninianus did not remain in circulation long, since it was struck just to A.D. 219 ([7], p. 42, footnote 8). The pre- A.D. 196 coins in general and the pre-IMP VIII coins of Septimius Severus have the 'AR' abbreviation for metal, and all other coins that had nominal and not an intrinsic silver value have the 'billon' term for metal.

The very diverse material grouped in chapter IV has one feature in common – all coins were produced using different techniques to imitate the prototypes from the official mints. The reasons for the creation of these coins might be very different. Some role in the production of such coins inside the Empire could play the authorities (e.g. for providing token coins and pay for soldiers) as well as individuals (e.g. for illegal profit). The production of barbarous coins imitating Roman prototypes outside the Empire did not have to be aimed at putting them into the monetary circulation; possibly, the vast majority of imitations in gold were made already as pendants. We are not able to identify the place of minting of the unofficial coins, unless they are struck from dies or cast from moulds discovered at certain sites. Nevertheless, even such a discovery cannot be with certainty linked with the place of minting (except for the accompanying coin finds), since such mints could have been mobile. The order adopted to describe this part of the material in the catalogue, namely: hybrids, subaerati, base metal cast coins, barbarised coins and barbarous imitations of the Severan coins is conventional, since some of these features could be combined. The examples are hybrid subaerati (Cat. Nos. 240, 241, 243 – also barbarised), hybrid cast denarius (Cat. No. 242) and barbarised denarius subaeratus (Cat. No. 256). I also propose to divide the production of the unofficial coins into two groups: specimens in coin types after the mint of Rome (twenty-six coins) and after the eastern mints (twelve coins). It is worth noting that there can be no certainty as to whether all unofficial coins have been identified, unless metallurgical examination is done, since the evaluation based on external, visible features can be erroneous, as evidenced by Gitler and Ponting ([9], pp. 45–46), and confirmed by the identification of two unofficial coins from the Ossolineum collection (see: page 160). The fourth part of the main catalogue section comprises specimens struck or cast in unofficial mints, of which only the subaerati can be determined as obvious ancient counterfeits. The proliferation of unofficial coinage corresponded with a great increase in the production of bronze provincial coinage during the Severan period. Perhaps the production of the unofficial coins, such as the base metal issues, was approved or supported to some extent by the officials of the Empire.

Two barbarous imitative aurei were purchased by the Ossolineum at the 58th auction of Warsaw Numismatic Centre in 2014. One of them is a most unique artefact: a barbarous imitative aureus in the type of coins struck by Severus Alexander with a runic inscription in Elder Futhark on the obverse (Cat. No. 278). The coin was pierced and it probably served as an ornament of special significance due to the value of the precious metal as well as the use of runes. This item could also have been believed to possess some magical power as an amulet. Further discussion on this very interesting and important artefact and its role in the research on the origins of the Germanic coinage can be found in the seperate text published in the Special Issue of Polish Numismatic Congress in Taormina (see: Degler 2015 in the Reference section).

Publishing descriptions of coins which are modern or raise serious concerns as to their authenticity is justified for several reasons. Firstly, such a model was adopted by the curator Gabriela Sukiennik. The greatest number of such coins have been presented in the third volume, which included coins from the reigns of Nerva, Trajan, and Hadrian

– a total of twenty nine specimens of the type of coins from the Antoninian period ([14], nos. 24–26, 231–248 & 472–479). Secondly, those specimens were part of the collection of ancient coins in L'viv; some of them were donated to the collection as early as in 1828 and 1829, and thus they should be treated as the source for the history of the Polish collecting of ancient coins. Thirdly, some of these coins were described in L'viv as 'doubtful,' 'suspicious' – the terms used in Krasicki's manuscripts (cf. the list of archival materials) from 1828–1829, or 'susp[ectus]' – the term used in the Latin inventory *Inventarius Musei Lubomirsciani Numi Romani* from c. 1843–1846. Lastly, coins of this sort were found in the recent years in Poland, mainly in the western part of the country, which fact is connected with the complex fate of numismatic collections during World War II (see [8], cat. nos. X17–X27). Archaeologists and numismatists should be aware of that.

In the course of work on the catalogue the number of doubtful coins (see [7], p. 42, footnote 9) gradually decreased due to comparative and metrological studies. This applies especially to the large numbers of Severus Alexander's sestertii in the collection, characterised by an irregular shape. The comparative study revealed that similar sestertii are known from confirmed finds, so there is no reason to deny their authenticity on the basis of metrological features only.

Queries realised as a part of my doctoral dissertation in the digitized archives of the Ossoliński National Institute in L'viv enabled me to reconstruct the history of the formation of the collection of ancient coins between 1828 and 1940 in L'viv ([4], [5] & [6]). The collection in L'viv in 1939 contained over 5,500 coins from acquisitions from 120 sources, individuals and institutions, mostly from donations, but also purchases and exchanges. It was also possible to acquire information on the coins from finds from Eastern Galicia donated by the finders or purchased from the Galician institutions. As many as 266 coins out of 302 catalogued were identified in the archival materials; thus, we know that the core of the collection are coins from the collection of L'viv, the majority of which were obtained in the nineteenth century. Out of the total number of 280 Severan coins described in the handwritten inventory (*Katalog Monet Rzymskich*, KMR) by Wojciech Kętrzyński (entries from 1900), 250 coins are identifiable within the Severan part of the collection in Wrocław, which is nearly 90 per cent of coins catalogued in L'viv. Twenty-nine coins, for whose origin we have no data, could have been acquired between the years 1900 and 1944 in L'viv, when no inventories of ancient coins were maintained. The acquisition of twenty-three coins after 1955 is documented in Wrocław. Examining the pictures of some the coins, one can see the rows of digits on many of them; these are the former inventory numbers issued by Wojciech Kętrzyński (the director of the Ossolineum from 1876 to 1918) and written on the coins, which was the usual practice in the nineteenth century ([3], p. 178). KMR nos. – catalogue nos. concordance can be found at the end of the catalogue.

Information on the place where the catalogued coins were found can be divided in several ways: finds from today's Poland and outside of today's Poland, confirmed and unconfirmed finds (cf. General Index: finds), finds from the nineteenth, twentieth and twenty-first century. The hoard discovered in 1960 on Pomorska Street in Wrocław, containing over 520 Roman denarii and three barbarous imitations of Roman denarii, is a confirmed discovery. Almost all the coins from this hoard have been published in the previous volumes, and here four youngest ones are published. In the 1830s and 1840s, the Ossolineum received parcels from a few institutions containing coins from finds from Eastern Galicia and information regarding them. We know from the archival materials that those parcels were usually accompanied by the note ‘to choose from’, which meant the opportunity to buy the selected coins to complement the collection ([5], vol. 1, p. 82). In 1844, in this way the Ossolineum acquired a find discovered on June 5, 1842 on the border of the forest belonging to Zadorów village and the fields belonging to the servant, Ivan Duchniak, within one-quarter mile from Krasiïv village in the former Stanisławów circle (Kreis Stanislau in the Austrian Empire). The hoard from Krasiïv contained more than 2,200 coins. The Ossolineum bought 150 coins, of which 106 were described in detail in the Latin inventory (IML – see Archival Materials section). Among these were two Severan coins (Cat. Nos. 3, 4). Krasiïv is today located in the Ukraine in the Ternopil oblast’.

The finds from the last dozen or so years were acquired from individuals who did not discover them, hence the information – provided after their acquisition – should be considered unconfirmed. This applies to coins with the following cat. nos.: 245 (Strzegom, near the banks of the River Strzegomka), 23 and 246 (Gomolava, Serbia, near the ancient site of Sirmium).

The curator Gabriela Sukiennik wrote in the introduction to the previous volume of the catalogue that Aequitas, Felicitas and Fides were the characteristic deities represented on the reverses of the Antoninian coins ([16], p. 8). The Severan period was marked by two groups of representations. To the first group belonged military types: Fides, Mars, Minerva, Roma, Victoria, Virtus, trophies, emperors in military dress; even Concordia holds legionary standards and eagles on the coins of Didius Julianus. The representations of Juno, Pudicitia, Vesta and Venus belonged to the second group of images connected with coins bearing female portraits on the obverses. A large variety of types can be observed in the period in question as well as the types of representations and legends unrecorded earlier and later, as in the case of coins of Elagabalus with legends announcing that he is the high priest of the God Elah-Gabal of Emesa and showing him during priestly activities.

The collection of coins of the Severans and in the type of Severans held in the Ossolineum is not large, but it is very diverse. Its origin dates back to the beginnings of the Ossolineum, i.e. to 1828. The collection of ancient coins, including Roman ones, regained its history due to the archival research. Many of the coins presented in the catalogue lay for over a hundred years in the closet no. 1 in the seat of the Museum of Lubomirski Princes in L’viv, and then travelled a long distance through Kraków, Zagrodno and Warsaw to Wrocław. Coins collected in this volume, as a selection from the Ossolineum collection, proved to be very interesting sources.

***

I wish to express my gratitude to all the people I had the pleasure to co-operate with during my work on the catalogue.

I would like to thank my colleagues from the Ossolineum: Elżbieta Baran, Barbara Butent-Stefaniak, Łukasz Koniarek and Robert Forysiak-Wójciński from the Department of Coins, Medals and Seals, for everyday support; the conservator Mariusz Jaskulski for his professional attitude and interesting discussions; photographer Andrzej Niedźwiecki, whose photographs so vividly expose the artistic qualities of the coins; and Irena Gybej-Dworsatschek, the head of the Acquisitions Department, for so much help in acquiring books that are not easily accessible on ancient numismatics.

I wish also to express my gratitude to the many colleagues and consultants from outside the Ossolineum: Helle Horsnæs, Lisbeth Imer, Alexandra Pesch, Klaus Düwel, Robert Nedoma, Markus Peter and Giovanni Gorini. I would like to thank Professor Aleksander Bursche for continuous professional and moral support. I wish to thank particularly warmly colleagues who agreed to carry out metallurgical examinations and share their knowledge with me: Beata Miazga, PhD, Barbara Wagner, PhD and Professor Paweł Pohl. As agreed, the reports of these examinations are published in this catalogue in Appendices 1–2.

Przedmowa

Kolejny tom katalogu kolekcji monet antycznych Zakładu Narodowego im. Ossolińskich ukazuje się po długiej, dwunastoletniej przerwie i trzydzieści lat po wydaniu pierwszego tomu. Kontynuacja pracy rozpoczętej przez kustosz Gabrielę Sukiennik jest jednym z podstawowych celów, jakie powinni sobie stawiać Jej następcy. Mam nadzieję, że publikacja tego tomu będzie odpowiednim wyrazem wdzięczności i uznania dla Jej dorobku. Pięć poprzednich tomów to wzór godny naśladowania, co podkreśla też niezmieniona szata graficzna.

W szóstym tomie katalogu dokonano rejestracji zbioru monet, poczynając od panowania Pertynaksa (193), a kończąc na panowaniu Aleksandra Sewera (222–235). Dotychczas ukazało się łącznie pięć tomów katalogu, obejmujących materiał od Republiki do panowania Kommodusa ([12], [13], [14], [15], [16]). W epoce Sewerów ogromnie wzrosła skala produkcji monet brązowych w mennicach prowincjonalnych. Takie monety były uwzględniane w poprzednich tomach, jednak nie zostały włączone do obecnego katalogu, zgodnie z koncepcją publikowania monet prowincji i kolonii rzymskich w serii *Sylloge Nummorum Graecorum*.

Głównym celem, jaki przyświecał mi w pracy nad katalogiem, było ukazanie, że epoka Sewerów była pierwszym etapem dłuższego procesu transformacji mennictwa rzymskiego, zakończonego wykształceniem się systemu opartego na solidzie za panowania Konstantyna Wielkiego, a współwystępujące w tej epoce zjawiska, świadczące zarówno o ciągłości, jak i zachodzących zmianach, znalazły odbicie w kolekcji monet antycznych w Ossolineum [7]. Jednak najnowsze zakupy do zbiorów ossolińskich (por.: dwie ostatnie tablice ilustracyjne) skierowały moją szczególną uwagę na zagadnienie barbarzyńskiego złotego mennictwa naśladowczego w III w. po Chr., niezwykle ważnego dla prawidłowego zrozumienia zjawiska naśladowania rzymskich solidów i medalionów, a może też i do pewnego stopnia produkcji złotych brakteatów skandynawskich (Degler 2015 – patrz: References). Dwa barbarzyńskie naśladownictwa przebadane pod kątem metaloznawczym posłużą w przyszłości za punkt odniesienia dla podobnych badań związanych z tą tematyką.

Materiał jest podzielony na pięć rozdziałów. Monety antyczne znalazły się w czterech pierwszych, natomiast w piątym rozdziale zebrane zostały monety nowożytne w typie monet Sewerów oraz egzemplarze wątpliwe. W trzech pierwszych rozdziałach opisano monety rozpoznane jako oficjalne, czyli wybite w jednej z mennic posiadających prawo do produkcji monet w systemie denarowym, a czwarta część obejmuje egzemplarze określone jako nieoficjalne, wybite lub odlane poza wspomnianymi mennicami. Taki sposób prezentacji materiału ma na celu podkreślenie cech świadczących nie tylko o początku kryzysu monetarnego, lecz także o zmianach w mennictwie rzymskim w epoce Sewerów.

W katalogu znalazło się sto dziewięćdziesiąt pięć denarów, czterdzieści osiem sesterców, dziewiętnaście asów, pięć dupondiusów, dwa antoniniany oraz dwa aureusy, w tym jeden naśladowczy. Dwie z monet to nienotowane w publikacjach o charakterze referencyjnym warianty. Są to monety o następujących numerach katalogowych: nr 1 – aureus Pertynaksa (Providentia unosi tylko jedną rękę w stronę dużej gwiazdy, sama gwiazda też ma nietypowy kształt), nr 132 – denar Heliogabala (między sztandarami znajduje się okrągła tarcza, a nie owalna). Dla monet w rozdziale piątym nie stosuje się nazw nominałów, poza niektórymi przypisami.

Podstawą opracowania i opisów monet w tym tomie są korpusy *Roman Imperial Coinage* (RIC – tomy IV/1 i IV/2) oraz katalogi zbiorów Muzeum Brytyjskiego *Coins of the Roman Empire in the British Museum* (BMCRE – tomy V i VI). Odmiennie niż w przypadku poprzednich tomów, układ przyjęty w tym tomie opiera się na chronologii emisji typów monet według BMCRE, a konkordancja *RIC – numery katalogowe* ma ułatwić dotarcie do określonego typu na podstawie referencji RIC. Aby uczynić katalog bardziej czytelnym, przyjąłem nieco odmienne rozwiązania szczegółowe niż w BMCRE. W ramach trzech pierwszych rozdziałów (I–III) materiał prezentowany jest w następującym porządku: władca – żona(y) – cezar(owie) – inni członkowie rodziny, a dopiero potem: metale – mennice – emisje. Monety współrządców z tytułami *augustus* zestawiane są oddzielnie (np. Septymiusz Sewer i Karakalla). Układ nadrzędny rozdziałów IV–V opiera się na innych zasadach. W rozdziale czwartym monety pogrupowane są w następującym układzie: cecha świadcząca o tym, że mamy do czynienia z monetą z mennicy nieoficjalnej – mennica, w jakiej bito pierwowzór – portret na awersie. W rozdziale piątym numizmaty opisane są według klucza: typ nominału – stop metalu – portret na awersie.

Ścisły podział chronologiczny dotyczy tylko monet oficjalnych. Łączna liczba monet, rozpoznanych jako oficjalne, wyniosła dwieście trzydzieści dwa egzemplarze, z czego dwieście osiemnaście zostało wybitych w mennicy w Rzymie, cztery w Laodycei, siedem w Laodycei lub Cezarei Kapadockiej (w BMCRE monety te opisane zostały pod hasłem „Emesa" bądź „Laodicea lub Emesa"); obecnie odchodzi się od teorii, że w Emesie były bite w ogóle jakiekolwiek monety w tym czasie, a przyjmuje się, że w Cezarei Kapadockiej mogły być emitowane monety w systemie denarowym ([1], s. 502; [7], s. 42). Trzy egzemplarze zostały wybite za panowania Heliogabala i Aleksandra Sewera w niemożliwej do bliższej identyfikacji mennicy wschodniej. Należy podkreślić w tym miejscu, że w rzeczywistości te relacje mogą się przedstawiać nieco inaczej, ponieważ – jak dowiedli Gitler i Ponting – w niektórych przypadkach monet o typach bitych zarówno w Rzymie, jak i w mennicach wschodnich, określenie mennicy jest możliwe wyłącznie za pomocą badań metaloznawczych ([9], s. 40, tabela B). W związku z tym monety przypisywane były do mennic wschodnich tylko w przypadku, gdy wskazywał na to jednoznacznie styl (numery katalogowe 69, 75, 175), a pozostałe, niewyróżniające się stylem, przypisywane były mennicy w Rzymie, z odpowiednim komentarzem w przypisie (numery katalogowe: 21, 22, 49, 79, 84, 133, 144, 147, 148).

Septymiusz Sewer drastycznie obniżył zawartość srebra w denarach. Różnie określa się czas, w którym miała nastąpić dewaluacja, choć nie ulega wątpliwości, że powodem była konieczność pokrycia kosztów wojny domowej w latach 193–197. Z badań Gitlera i Pontinga wynika, że choć zawartość srebra spadła w denarach z mennic wschodnich do poziomu poniżej 50–45 procent już w 193 r., to denary bite w mennicy w Rzymie z legendą IMP VII mają jeszcze średnio powyżej 60 procent srebra, a te z legendą IMP VIII średnio już tylko 50–45 procent ([9], s. 55–57, 65–66). Oznacza to, że w mennicy w Rzymie zmiana nastąpiła w 196 r., zapewne w drugiej połowie roku. Kolejny krok w kierunku pogorszenia monety zrobił Karakalla w 214 lub 215 r., wprowadzając nowy nominał, antoninian, który miał wartość nominałową równą dwóm denarom, ciężar jedynie półtora denara, a zawierał – podobnie jak zdewaluowane denary – nie więcej niż 50 procent srebra w stopie. Wydaje się, że było to rozwiązanie doraźne, motywowane chęcią wygenerowania większego zysku dla cesarskiego skarbca, a nie „reforma", jak najczęściej jest to posunięcie określane, nawet w literaturze specjalistycznej. Karakalla wprowadził też nowy nominał, złoty – podwójny aureus (binio), i obniżył średnią wagę aureusów o pięć procent. Antoninian nie utrzymał się długo w obiegu, gdyż bity był tylko do 219 r. ([7], s. 42, przypis 8). W katalogu skrót AR pojawia się tylko przy monetach bitych przed nadaniem po raz ósmy tytułu *imperator* Septymiuszowi Sewerowi, a określenie w języku angielskim „billon" przy wszystkich pozostałych monetach, które były srebrne tylko nominalnie, a nie ze względu na zawartość kruszcu.

W rozdziale czwartym zgrupowano bardzo zróżnicowany materiał, który łączy jedna cecha: wszystkie skatalogowane w nim egzemplarze zostały wykonane za pomocą bardzo różnych technik, tak aby naśladowały pierwowzory z mennic oficjalnych. Powody produkcji tych monet mogły być bardzo różne. Na terenie Cesarstwa w grę mogły wchodzić czynniki zarówno związane z władzą (np. zapewnienie monety zdawkowej, wypłata żołdu), jak i indywidualne (np. nielegalny zysk). Produkcja barbarzyńskich naśladowczych monet rzymskich, powstałych poza obszarem Imperium, nie musiała mieć na celu wprowadzenia tych przedmiotów do obiegu monetarnego. Zapewne znakomita większość naśladownictw ze złota powstała jako gotowe ozdoby. Nie jesteśmy w stanie wskazać miejsca produkcji monet nieoficjalnych, o ile nie zostały wybite ze stempli lub odlane z form znanych ze znalezisk. Nawet jednak takie znaleziska nie muszą zawsze oznaczać miejsca produkcji (z wyjątkiem towarzyszących im znalezisk monet), gdyż warsztat mógł być mobilny. Przyjęta kolejność opisu materiału: hybrydy, subaeraty, monety odlewane ze stopów metali nieszlachetnych, egzemplarze zbarbaryzowane i naśladownictwa barbarzyńskie monet seweriańskich, jest umowna, ponieważ wymienione cechy mogły się na siebie nakładać. Przykładem są denary hybrydy-subaeraty (Nr kat. 240, 241, 243 – dodatkowo zbarbaryzowany), odlewany denar hybryda (Nr kat. 242) i zbarbaryzowany denar subaerat (Nr kat. 256). Proponuję też, aby w produkcji monet nieoficjalnych wyróżnić dwie grupy: egzemplarze wzorowane na monetach z mennicy w Rzymie (dwadzieścia sześć egzemplarzy) oraz na monetach z mennic wschodnich (dwanaście monet). Warto podkreślić, że nie ma pewności, czy udało się zidentyfikować wszystkie nieoficjalne egzemplarze w ramach zbioru, ponieważ ocena na podstawie samego oglądu może być obciążona błędami, możliwymi do wychwycenia jedynie po przeprowadzeniu analiz metaloznawczych, jak to udowodniły badania Gitlera i Pontinga ([9], s. 45–46), a potwierdziła opisana dalej identyfikacja dwóch egzemplarzy tego typu w kolekcji ossolińskiej, dokonana na podstawie analizy składu stopu (patrz: s. 162). Czwarta część katalogu zawiera egzemplarze wybite lub odlane w mennicach nieoficjalnych, z których tylko subaeraty można określić jako oczywiste fałszerstwa starożytne. Rozpowszechnienie monet nieoficjalnych szło w parze z ogromnym wzrostem produkcji brązowych monet w prowincjach rzymskich w epoce Sewerów. Być może produkcja monet nieoficjalnych, na przykład odlewanych ze stopu metali nieszlachetnych, była do pewnego stopnia aprobowana lub wspierana przez urzędników cesarskich.

Barbarzyński aureus naśladowczy został zakupiony na 58. Aukcji Warszawskiego Centrum Numizmatycznego w 2014 r. Jest to zabytek zupełnie wyjątkowy: wschodniogermańskie naśladownictwo aureusa Aleksandra Sewera z napisem runicznym w futharku starszym na awersie (w katalogu nr 278). Moneta została zaopatrzona w otwór i służyła zapewne jako ozdoba o szczególnej wartości osobistej ze względu zarówno na kruszec, jak i użycie znaków runicznych. Mógł to być też przedmiot, któremu przypisywano znaczenie magiczne, amulet. Dokładne omówienie tego niezwykle interesującego i ważnego dla badań nad początkami mennictwa germańskiego zabytku znajdziemy w artykule zamieszczonym w specjalnym numerze „Wiadomości Numizmatycznych" wydanym z okazji XV. Międzynarodowego Kongresu Numizmatycznego w Taorminie na Sycylii – *Polish Numismatic News IX* (zobacz: Degler 2015 w sekcji References).

Publikowanie opisów numizmatów nowożytnych lub budzących poważne wątpliwości co do autentyczności jest uzasadnione z kilku powodów. Po pierwsze, taki model został przyjęty już przez kustosz Gabrielę Sukiennik. Najwięcej tego typu egzemplarzy zostało zaprezentowanych w trzecim tomie, który obejmował monety z czasów panowania Nerwy, Trajana i Hadriana – łącznie dwadzieścia dziewięć egzemplarzy w typie monet Antoninów ([14], nry 24–26, 231–248, 472–479). Po drugie, egzemplarze te stanowiły część kolekcji lwowskiej monet antycznych; niektóre z nich trafiły do zbiorów wraz z najwcześniejszymi darami w 1828 i 1829 r., przez co stanowią źródło do badań nad historią polskiego kolekcjonerstwa monet antycznych. Po trzecie, już właśnie we Lwowie część egzemplarzy była opisywana jako „wątpliwe", „podejrzane". Określenia te były stosowane w rękopisach autorstwa Ignacego Krasickiego (por. sekcja Archival materials) z lat 1828–1829, natomiast określenie „susp[ectus]" zastosowano w inwentarzu łacińskim *Inventarius Musei Lubomirsciani Numi Romani* z ok. 1843–1846. Po czwarte, egzemplarze tego typu bywają także znajdowane na terenie Polski, najczęściej w zachodniej części kraju, co wiąże się ze skomplikowanymi losami dawnych kolekcji podczas II wojny światowej (por. [8], numery kat. X17–X27). Archeolodzy i numizmatycy powinni być wyczuleni na taką ewentualność.

W toku pracy nad katalogiem liczba numizmatów wątpliwych (por. [7], s. 42, przypis 9) stopniowo zmniejszała się dzięki badaniom porównawczym i metrologicznym. Dotyczy to zwłaszcza licznie reprezentowanych w zbiorze sesterców Aleksandra Sewera o nieregularnych kształtach. Z badań porównawczych wynika, że podobne sesterce znane są z potwierdzonych znalezisk, więc nie ma podstaw do podawania w wątpliwość autentyczności tych monet tylko na podstawie cech metrologicznych.

Dzięki kwerendzie obejmującej materiały Archiwum ZNiO we Lwowie w formie zdigitalizowanej, przeprowadzonej przeze mnie w ramach pracy nad dysertacją doktorską udało się odtworzyć historię formowania się kolekcji monet antycznych w latach 1828–1940 we Lwowie ([4], [5], [6]). Lwowski zbiór liczył w 1939 r. ponad 5500 egzemplarzy dzięki nabytkom od stu dwudziestu oferentów, osób prywatnych lub instytucji, pozyskanych w większości jako dary, ale też dzięki zakupom i wymianie. Udało się również dotrzeć do informacji o monetach ze znalezisk z Galicji Wschodniej darowanych przez znalazców lub zakupionych od instytucji galicyjskich. Aż dwieście sześćdziesiąt sześć monet spośród trzystu dwóch zebranych w katalogu można było powiązać z materiałami archiwalnymi, w związku z czym można stwierdzić z pewnością, że trzon zbioru stanowią monety ze zbiorów lwowskich, pozyskane w większości w XIX w. Na łączną liczbę dwustu osiemdziesięciu monet seweriańskich zinwentaryzowanych w rękopiśmiennym *Katalogu monet rzymskich* (KMR) Wojciecha Kętrzyńskiego (w 1900 r.), w zbiorach wrocławskich zachowało się dwieście pięćdziesiąt egzemplarzy, czyli prawie 90 procent monet zinwentaryzowanych we Lwowie. Dwadzieścia dziewięć monet, o których pochodzeniu nie mamy żadnych danych, mogło trafić do zbioru w okresie lwowskim, między latami 1900 a 1944, kiedy nie prowadzono we Lwowie inwentarzy monet antycznych. Udokumentowane nabytki z okresu wrocławskiego liczą dwadzieścia trzy egzemplarze. Przyglądając się zdjęciom monet, można zauważyć na wielu egzemplarzach rzędy cyfr – są to dawne numery inwentarzowe, nadawane przez Wojciecha Kętrzyńskiego (dyrektora Ossolineum w latach 1876–1918) i nanoszone przez niego, zgodnie z powszechną praktyką dziewiętnastowieczną, na monety ([3], s. 178). Na końcu katalogu Czytelnik znajdzie konkordancję lwowskich numerów inwentarzowych według KMR i numerów katalogowych.

Informacje o miejscu znalezienia skatalogowanych monet można podzielić na kilka sposobów. Są to znaleziska z Polski i spoza Polski, potwierdzone i niepotwierdzone (por. General Index: finds), pochodzące z XIX, XX i XXI w. Potwierdzonym znaleziskiem z terenu Polski jest skarb zawierający ponad 520 denarów rzymskich i trzy barbarzyńskie naśladownictwa denarów, odkryty w 1960 r. na ul. Pomorskiej we Wrocławiu. Opisy niemal wszystkich monet, pochodzących z tego skarbu, zostały opublikowane w poprzednich tomach, a w tomie niniejszym znalazły się opisy czterech najmłodszych denarów z tego znaleziska. W latach trzydziestych i czterdziestych XIX w. trafiały do Ossolineum od kilku instytucji pakiety zawierające monety ze znalezisk w Galicji Wschodniej wraz z informacjami ich dotyczącymi. Z materiałów archiwalnych można się dowiedzieć, że opatrzone one były zwykle dopiskiem „do wyboru", co oznaczało możliwość zakupienia wybranych egzemplarzy celem uzupełnienia kolekcji ([5], t. 1, s. 82). W ten sposób trafiło do Ossolineum w 1844 r. znalezisko dokonane 5 czerwca 1842 r. na granicy lasu należącego do włości Zadorów i pola należącego do sługi Iwana Duchniaka, w odległości jednej czwartej mili od wioski Krasiïv (pol. Krasiejów) w dawnym okręgu stanisławowskim (niem. Kreis Stanislau, Cesarstwo Austriackie). Ze skarbu z Krasiïva, liczącego ponad 2200 egzemplarzy, zakupiono do zbiorów Ossolineum 150 egzemplarzy, z których 106 zostało drobiazgowo zinwentaryzowanych (w IML – por. sekcja Archival materials), w tym dwie monety seweriańskie. Dzisiaj Krasiïv to miejscowość znajdująca się na Ukrainie w oblasti tarnopolskiej.

Znaleziska z ostatnich kilkunastu lat pochodzą od osób, które nie były ich znalazcami, więc informacje o miejscu ich odkrycia – udzielane po ich pozyskaniu – należy uznać za niepotwierdzone. Dotyczy to monet o numerach katalogowych: 245 (Strzegom, przy brzegu rzeki Strzegomka) oraz 23 i 246 (Gomolava, Serbia – w pobliżu starożytnego Sirmium).

Kustosz Gabriela Sukiennik napisała we wstępie do poprzedniego tomu katalogu, że epokę Antoninów charakteryzowały postacie Aequitas, Felicitas i Fides ([16], s. 8). Epokę Sewerów znamionują natomiast wyobrażenia dwojakiego rodzaju. Jedne miały charakter wojskowy: Fides, Mars, Minerwa, Roma, Wiktoria, Virtus, trofea, cesarze w stroju wojskowym itp.; nawet personifikacja Zgody na monetach Dydiusza Juliana trzyma znaki wojskowe i orły legionowe. Drugie związane były z monetami noszącymi portrety kobiece na awersach: Junony, Pudicitii, Westy, Wenus. Ogólnie daje się wśród nich zauważyć dużą różnorodność typologiczną oraz typy przedstawień i legend niespotykane wcześniej i potem, jak w przypadku Heliogabala, z legendami obwieszczającymi, że jest najwyższym kapłanem boga Elah-Gabala z Emesy, i przedstawieniami ukazującymi tego cesarza podczas czynności kapłańskich.

Zbiór monet seweriańskich oraz w typie seweriańskim przechowywanych w Ossolineum jest niewielki, ale za to bardzo zróżnicowany. Jego początki sięgają równie daleko, jak początki Ossolineum, do 1828 r. Dzięki badaniom archiwalnym, kolekcja monet antycznych, w tym rzymskich i seweriańskich, odzyskała swoją historię. Wiele z prezentowanych monet przeleżało ponad sto lat w szafie numer 1 w siedzibie Muzeum Książąt Lubomirskich we Lwowie, aby następnie przebyć długą drogę przez Kraków, Zagrodno i Warszawę do Wrocławia. Monety zebrane w tym tomie, stanowiące kolejny wycinek kolekcji ossolińskiej, okazują się bardzo ciekawymi źródłami.

***

Pragnę podziękować wszystkim osobom, z którymi miałem przyjemność współpracować podczas przygotowywania katalogu.

Dziękuję pracownikom Ossolineum: Elżbiecie Baran, Barbarze Butent-Stefaniak, Łukaszowi Koniarkowi i Robertowi Forysiakowi-Wójcińskiemu z Gabinetu Numizmatyczno-Sfragistycznego za codzienne wsparcie, konserwatorowi Mariuszowi Jaskulskiemu za fachowe podejście do konserwacji monet i ciekawe dyskusje, fotografowi Andrzejowi Niedźwieckiemu za fotografie, na których znakomicie wyeksponowano plastyczne cechy monet, Irenie Gybej-Dworsatschek, kierowniczce Działu Gromadzenia Nowych Druków Zwartych, za dobrą współpracę przy uzupełnianiu księgozbioru podręcznego o nierzadko trudno dostępne pozycje.

Podziękowania należą się licznej grupie współpracowników i konsultantów spoza Ossolineum: Helle Horsnæs, Lisbeth Imer, Aleksandrze Pesch, Klausowi Düwelowi, Robertowi Nedomie, Peterowi Markusowi, Giovanniemu Gorini. Dziękuję profesorowi Aleksandrowi Burschemu za stałe wsparcie merytoryczne oraz duchowe. Wielkie podziękowania należą się osobom, które zgodziły się przeprowadzić badania metaloznawcze i dzieliły się ze mną swoją wiedzą: dr Beacie Miazdze, dr hab. Barbarze Wagner i profesorowi Pawłowi Pohlowi. Zgodnie z umowami, raporty z tych badań zostały opublikowane w tym katalogu w formie aneksów.

Literature

The overview of recent literature on the coinage of the Severan era – cf. [1] & [7]. The list of essential works in the Polish language on Roman numismatics, including the Severan period and with special emphasis on Andrzej Kunisz' publications – [10]. Main problems connected with unofficial coins and the general literature on the subject are presented in – [11] & [7], p. 45, footnote 16. The discussion on basic problems of cataloguing the Severan coins from the 19th-century collections, on the example of the Ossolineum collection, can be found in a separate text ([7], wherein further literature). I presented the state of the recognition of the archival materials related to numismatic collections before the L'viv Ossolineum Archive was digitalised in – [2], and the results of research on the history of ancient coins collection in – [4], [5] & [6].

Literatura

Przegląd najnowszej literatury dotyczącej mennictwa epoki Sewerów – por. [1], [7]. Lista najważniejszych pozycji polskojęzycznych, dotyczących numizmatyki rzymskiej, w tym seweriańskiej (do 2001 r.), ze szczególnym uwzględnieniem prac Andrzeja Kunisza – [10]. Zestawienie najważniejszych problemów i literatury dotyczącej monet nieoficjalnych – [11], [7], s. 45, przypis 16. Podstawowe problemy związane z katalogowaniem monet seweriańskich o dawnej dziewiętnastowiecznej metryce na przykładzie kolekcji ossolińskiej – w osobnym tekście ([7], tam dalsza literatura). Stan rozpoznania materiałów archiwalnych dotyczących zbiorów numizmatycznych przed digitalizacją Archiwum ZNiO we Lwowie – [2], a wyniki badań nad historią kolekcji monet antycznych – [4], [5], [6].

Abbreviations / Skróty:

Czasopismo ZNiO – „Czasopismo Zakładu Narodowego im. Ossolińskich," Wrocław.
WN – „Wiadomości Numizmatyczne," Warszawa.

[1] R. Abdy, *The Severans* [in:] *The Oxford Handbook of Greek and Roman Coinage* (ed. W. E. Metcalf), Oxford 2012, pp. 499–513.

[2] A. Degler, *Monety rzymskie w zbiorach Muzeum Książąt Lubomirskich jako źródło archeologiczne*, Czasopismo ZNiO, 2004, vol. 15, pp. 253–259.

[3] A. Degler, *„Katalog monet rzymskich" W. Kętrzyńskiego: podstawa identyfikacji monet z kolekcji lwowskiej w zbiorach Ossolineum i źródło poznania warsztatu numizmatyka*, Czasopismo ZNiO, 2006, vol. 17, pp. 177–188.

[4] A. Degler, *Kolekcja monet antycznych w Ossolineum*, WN, Year: LII (2008), vol. 1, pp. 1–20.

[5] A. Degler, *Kolekcja monet antycznych w Ossolineum*, vols. 1–2 with a catalogue on CD, Warszawa 2010 (manuscript in the Institute of Archaeology at the University of Warsaw).

[6] A. Degler, *The collection of ancient coins in the Ossoliński National Institute in Lvov* (1828–1944) [in:] *Proceedings of the XIVth International Numismatic Congress Glasgow 2009*, vol. 2 (ed. N. Holmes), Glasgow 2011, pp. 1261–1265.

[7] A. Degler, *Uwagi na temat monet epoki Sewerów (193–235) w zbiorach muzealnych na przykładzie Ossolineum* [in:] *Moneta czasów kryzysu, moneta czasów pomyślności* (ed. B. Paszkiewicz), Nowa Sól 2015, pp. 35–57.

[8] A. Dymowski, *Znaleziska monet rzymskich z terenu Polski rejestrowane w pierwszych latach XXI wieku. Aspekty źródłoznawcze*, Zielona Góra 2011.

[9] H. Gitler & M. Ponting, *The silver coinage of Septimius Severus and his family (193–211 AD). A study of the Chemical Composition of the Roman and Eastern Issues*, Milano 2003.

[10] A. Kunisz, *Numizmatyka Cesarstwa Rzymskiego* [in:] *Vademecum historyka starożytnej Grecji i Rzymu* (ed. E. Wipszycka), 2nd ed., Warszawa 2001, pp. 342–363.

[11] M. Peter, *Von Betrug bis Ersatzkleingeld – Falschmünzerei in römischer Zeit* [in:], *Gefährliches Pflaster. Kriminalität im römischen Reich* (M. Reuter & R. Shiavone), Xantener Berichte 21, Mainz 2011, pp. 106–119.

[12] G. Sukiennik, *Catalogue of Ancient Coins in the Ossoliński National Institute Library. Part 1: Coins of the Roman Republic / Katalog starożytnych monet w zbiorach Biblioteki Zakładu Narodowego im. Ossolińskich. Część 1: Monety republiki rzymskiej*, Wrocław 1985.

[13] G. Sukiennik, *Catalogue of Ancient Coins in the Ossoliński National Institute Library. Part 2: Coins of the Roman Empire: Augustus–Domitianus / Katalog starożytnych monet w zbiorach Biblioteki Zakładu Narodowego im. Ossolińskich. Część 2: Monety Cesarstwa Rzymskiego: August–Domicjan*, Wrocław 1989.

[14] G. Sukiennik, *Catalogue of Ancient Coins in the Ossoliński National Institute Library. Part 3: Coins of the Roman Empire: Nerva–Hadrian / Katalog starożytnych monet w zbiorach biblioteki Zakładu Narodowego im. Ossolińskich. Część 3: Monety Cesarstwa Rzymskiego: Nerwa–Hadrian*, Wrocław–Warszawa–Kraków 1991.

[15] G. Sukiennik, *Catalogue of Ancient Coins in the Ossoliński National Institute. Part 4: The reign of Antoninus Pius / Katalog starożytnych monet w zbiorach Zakładu Narodowego im. Ossolińskich. Część 4: Panowanie Antoninusa Piusa*, Wrocław 1996.

[16] G. Sukiennik, *Catalogue of Ancient Coins in the Ossoliński National Institute. Part 5: The reign of Marcus Aurelius and Commodus / Katalog starożytnych monet w zbiorach Zakładu Narodowego im. Ossolińskich. Część 5: Panowanie Marka Aureliusza i Kommodusa*, Wrocław 2003.

References

Works of reference and first publications of the catalogued coins.

Degler 2008	A. Degler, *Aureusy z kolekcji księcia Henryka Lubomirskiego* [in:] *Początki Muzeum Lubomirskich* [catalogue of exhibition held in the Ossolineum], Wrocław, pp. 172–177 (text), 197–210 (cat. nos. 176–197).
Degler 2015	A. Degler, *East Germanic imitation of an aureus of Severus Alexander with runic legend: the newest acquisition to the collection of ancient coins in the Ossolineum*, 'Polish Numismatic News' IX, pp. 47–65.
BMC_V	H. Mattingly, *Coins of the Roman Empire in the British Museum*, vol. V: *Pertinax to Elagabalus*, London 1950 (reprint from 2005).
BMC_{VI}	R. A. G. Carson, *Coins of the Roman Empire in the British Museum*, vol. VI: *Severus Alexander to Pupienus*, London 1963 (reprint from 2005).
Hill	Ph. V. Hill, *The Coinage of Septimius Severus and his family of the Mint of Rome*, New York 2001 (reprint).
RIC	*Roman Imperial Coinage*, London 1923–2007: H. Mattingly & E. A. Sydenham, Vol. IV. Part 1: *Pertinax to Geta.* H. Mattingly, E. A. Sydenham & C. H. V. Sutherland, Vol. IV. Part 2: *Macrinus to Pupienus.*
Wojtowicz	S. Wojtowicz, *Skarb denarów rzymskich z Wrocławia na tle innych skarbów śląskich II–III w.*, 'Ze skarbca kultury', z. 18, Wrocław 1967, pp. 211–267.
Woodward	A. M. Woodward, *The Coinage of Pertinax*, 'Numismatic Chronicle', London 1957, pp. 84–96, plates IX–XIV.

Archival materials

L'viv, L'vivs'ka Nacional'na Naukova Biblioteka Ukrajiny imeni V. Stefanyka, Viddil rukopysiv

IML	*Inventarium Musei Lubomirsciani: Numi Romani Consulares, Familiarum et Imperatorum*, [Lwów, c. 1843–1846], fond 54, series IV, file 68 (digitalised and accessible online – http://bazy.oss.wroc.pl/kzc/). Inventory in Latin of ancient Roman coins in the collection of the Ossoliński National Institute. At least two different sets of handwriting.

Wrocław, Ossoliński National Institute, Department of Manuscripts

KMR	[W. Kętrzyński], *Katalog monet rzymskich*, [Lwów 1895–1904], series IV, file 17104. The manuscript of the catalogue by W. Kętrzyński of the collection of Roman coins in the Ossolineum from the Republican period to the reign of Florian. Coins from the Severan period were catalogued in 1900 under the following nos.: 1882–2160.
Krasicki	[I. Krasicki], *Spis monet i medalów od JW. Hr. Ignac. Krasickiego darowanych*, [Lwów 1828], series III, file 1307, fols. 1–25. The list of the coins donated by Count Ignacy Krasicki.
Lubomirski	[I. Krasicki], *Spis medalow przysłanych mi od Xięcia Henryka Lubomirskiego naprzód na ręce WJM Pana Strachowskiego*, [Lwów 1828], series III, file 1305, fols. 1–16. The list of the first part of ancient silver coins donated to the Ossolineum by Prince Henryk Lubomirski in 1828.
Lubomirski later	[I. Krasicki], *Opis medalow srebrnych rzymskich powtórnie przysłanych przez Xięcia Henryka Lubomirskiego*, [Lwów 1828], series III, file 1305, fols. 17–20. The list of the second part of ancient silver coins donated to the Ossolineum by Prince Henryk Lubomirski in 1828.
Lubomirski Æ	[I. Krasicki], [no title], [Lwów 1828], series III, file 1305, fols. 21-44. List of copper, brass, bronze and some billon ancient coins donated to the Ossolineum by Prince Henryk Lubomirski in 1828.
Lubomirski AV	[I. Krasicki], *Opis medali złotych rzymskich X. Henryka Lubomirskiego*, [Lwów 1828], series III, file 1305, fols. 45–46. List of gold Roman coins donated to the Ossolineum by Prince Henryk Lubomirski in 1828.
Ossoliński	[I. Krasicki], *Opis medalow rzymskich kolekcyi po ŚP J. M. Ossolińskim*, [Lwów 1828], series III, file 1305, fols. 49–50. List of ancient coins donated to the Ossolineum by Count Józef Maksymilian Ossoliński in 1828.
Collection 1829	[I. Krasicki], *Opisanie monet dawnych rzymskich, greckich, kolonialnych w Bibliotece Ossolińskich razem połączonych z Muzeum X. Lubomirskiego*, [Lwów 1829], series III, file 1305, fols. 63–148. List of ancient coins in the collection of the Ossolineum at the end of 1829.

Abbreviations

Abbreviations used in the descriptions in the catalogue.

AE – nominal of copper alloy
AR – nominal of silver-copper alloy (more than 50 per cent silver)
As – as
AV – nominal of gold alloy
Aur – aureus
An – antoninian
Billon – nominal of silver-copper alloy (less than 50 per cent silver)
D – denarius
D barb. – barbarised denarius
D hybr. – hybrid denarius
Dp – dupondius
dr. – draped
Imit. aur – imitation of aureus
l. – left
r. – right
S – sestertius
Sub. – subaeratus

Alloy components (% of weight in the catalogue entries).

Ag – silver
Au – gold
Cu – copper
Ni – nickel
Pb – lead
Sn – tin

***

Size is given in milimeters and weight in grams.

Catalogue

I. WARS OF SUCCESSION
(A.D. 193–197)

Pertinax
(A.D. 193, January 1 to March 28)

Mint of Rome

AV

BMC$_V$, pp. 1–10

No.	Metal Size Weight	Axis	Deno-mina-tion	Obverse	Reverse	Literature
				Group 2 (COS II)		
1	AV 19.2 6.84	6 h	Aur	IMPCAESP[HEL]V PERTINAVG, bust of Pertinax, laur., dr., bearded, r.	P R O VID DEORCOSII, Providentia, dr., standing l., raising r. hand towards large star high to l., l. hand on breast	BMC$_V$ 10–12 var. RIC 11b Degler 2008, 195 (this specimen) Woodward, Plate X, 9–12

AR

BMC$_V$, pp. 1–10

No.	Metal Size Weight	Axis	Deno-mina-tion	Obverse	Reverse	Literature
				Group 1 (without TR P or COS II)		
2	AR 17.1 2.86	11 h	D	IMPCAESPHELV PERTINAVG; head of Pertinax, laur., bearded, r.	[IA]NO [C]ONSERVAT, Janus, dr., with two heads, facing l. and r., standing front, holding vertical sceptre in r. hand, l. hand on hip, l. elbow bent	BMC$_V$ 2 RIC 3
				Group 3 (TR P COS II)		
3	AR 18.6 2.90	6 h	D	Similar, but [IMP]CAESPHEL[V] PERTINAVG	OPIDIVINTRP COS II, Ops, dr., seated l. on throne, holding two corn-ears in r. hand, l. hand on seat of throne	BMC$_V$ 19 RIC 8a

[1] Inv. no. B 5590. Archival records: Lubomirski AV, 27, Collection 1829, fol. 99, no. 19/6; IML 1102; KMR 1885. Donated by Prince Henryk Lubomirski, 1828. Damaged obverse die. Reverse die reworked (the surface of the die looked filed; star is slightly barbarised). Otherwise fine, but clipped.

[2] Inv. no. A 2284. Archival records: unknown.

[3] Inv. no. A 2283. Archival records: IML 2567; KMR 1884. From the Krasiïv Hoard.

Didius Julianus
(A.D. 193, March 28 to early June)

Mint of Rome

AR

BMC_V, pp. 11–18

No.	Metal Size Weight	Axis	Denomination	Obverse	Reverse	Literature
				1st (main) issue, March 28 to May		
4	AR 18.0 2.62	9 h	D	[IMPCAESMDID] IVLIANAVG, head of Didius Julianus, laur., r.	CONCO R D[MILIT], Concordia, dr., standing front, head l., holding legionary eagle in r. hand and standard in l.	BMC_V 2–3 RIC 1
5	AR 18.8 2.88	12 h	D	Similar, but IMPCAESMDID IVLIANAVG	Similar, but [C]O[NCO] R D MIL[IT]	BMC_V 2–3 RIC 1

4 Inv. no. A 4043. Archival records: IML 2568; KMR 1887. From the Krasiïv Hoard.

5 Inv. no. A 3812. Archival records: unknown.

Septimius Severus
(A.D. 193–197)

Mint of Rome

AR and billon

BMC$_V$, pp. 20–63

No.	Metal Size Weight	Axis	Deno-mina-tion	Obverse	Reverse	Literature
				Group 1 of A.D. 193 (COS), early June to end of year		
6	AR 17.1 2.82	5 h	D	[IMPCAELSEPSE] VPERTAVG, head of Septimius Severus, laur., r.	L I B E R A L [AVGCOS], Liberalitas, dr., standing front, head l., holding *abacus* in r. hand and cornucopiae in l.	BMC$_V$ 2–3 RIC 18 Hill 3 Wojtowicz 507 (this specimen)
7	AR 17.8 3.15	2 h	D	Similar, but IMPCAELS[EPSEV] PERTAVG	[VICTAVG TRP]COS, Victory, winged, dr., advancing l., holding wreath up in r. hand and palm in l.	BMC$_V$ 30f. RIC 22 Hill 49 Wojtowicz 508 (this specimen)
8	AR 16.8 2.87	12 h	D	Similar, but IMPCAELSEPSEV PERT[AVG]	Similar, but V I C T A V G [T R P C O S]	BMC$_V$ 30f. RIC 22 Hill 49
9	AR 18.8 2.72	6 h	D	Similar, but [I]MPCAELSEP SEVPERTAVG	V I R T A V G T R P C O S, Virtus, dr., standing front, head l., holding Victory on r. hand and spear, vertical, reversed in l.	BMC$_V$ 33ff. RIC 24 Hill 50

[6] Inv. no. A 3804. Acquired in 1960. From the Pomorska Street Hoard.
[7] Inv. no. A 3805. Acquired in 1960. From the Pomorska Street Hoard.
[8] Inv. no. A 2323. Archival records IML 2367; KMR 1941.
[9] Inv. no. A 2322. Archival records: KMR 1944.

No.	Metal Size Weight	Axis	Deno-mination	Obverse	Reverse	Literature
				2nd issue of A.D. 194 (IMP III), the latter part of the year		
10	AR 17.8 2.61	6 h	D	[LSEPT]SEV [PERTAVGIMPIII], head of Septimius Severus, laur., r.	[LIBERO] PATRI, Liber in cloak over arm and wreath on head, standing front, head l., emptying cup for little panther with r. hand and holding thyrsus in l.; panther stands to l. and turns back its head	BMC_V 64ff. RIC 32 Hill 84
11	AR 17.8 2.57	6 h	D	Similar, but [LSEPTSEVPERT] AVGIMPIII	[PA]CIA V[GVSTI], Pax dr., seated l., holding branch in r. hand and cornucopiae in l.	BMC_V 70f. RIC 37 Hill 86
12	AR 17.8 2.91	1 h	D	Similar, but [LSEPT]SEVPE [RTAVGIMPIII]	[VICTAVGT]R PIICO[SII], Victory dr., running r., holding wreath in r. hand and palm in l.	BMC_V 73 RIC 38 Hill 67
				3rd issue of A.D. 194 (IMP IIII), late A.D. 194 to early A.D. 195		
13	AR 17.1 2.34	6 h	D	LSEPT[SEVPERTA VGIM]PIIII, head of Septimius Severus, laur., r.	[P] M T R P I I CO[SIIPP], Minerva dr., standing l., holding spear in r. hand and round shield in l.	BMC_V 76f. RIC 49 Hill 117
				Issues of A.D. 194–195 (IMP IIII)		
14	AR 19.2 3.17	6 h	D	[LSEPTSEVPE]RTA VGIMPIIII, head of Septimius Severus, laur., r.	[G E]N I V S [P R], Genius naked to waist, standing front, head l., sacrificing out of patera in r. hand over lighted altar and holding cornucopiae in l. hand	BMC_V 81 RIC 43 Hill 116 Wojtowicz 510 (this specimen)

[10] Inv. no. A 3806. Archival records: unknown.

[11] Inv. no. A 4086. Archival records: unknown.

[12] Inv. no. A 2324. Archival records: IML 2569; KMR 1942. Acquired in 1844 through an exchange with an unknown person (protocol no. 82/1844 – a note in IML).

[13] Inv. no. A 3858. Archival records: IML 2364; KMR 1918. Bequeathed by Ignacy Skarbek, c. 1844 (note in IML).

[14] Inv. no. A 3803. Acquired in 1960. From the Pomorska Street Hoard.

No.	Metal Size Weight	Axis	Deno- mina- tion	Obverse	Reverse	Literature
15	AR 16.9 3.37	6 h	D	Similar, but [LSEPTSEVPER TAVGIMPIII I]	S E C V R I T A S [PVBLICA], Securitas dr., seated l. on throne, holding globe on r. hand, l. hand at side	BMC_V 87 RIC 56 Hill 118
				Issues of A.D. 195–196 (IMP VII)		
16	AR 18.1 2.11	5 h	D	[LSE]PTSEV[PERT] AV[GIMPVII], head of Septimius Severus, laur., r.	A R A B ADI[AB CO]S I I [P P], Victory advancing l., holding wreath in r. hand and trophy in l.	BMC_V 131ff. RIC 58 Hill 164
				Issues of A.D. 196 (IMP VII, TR P III)		
17	AR 17.7 2.68	6 h	D	Similar, but LSEPTSEVPERT [AVG]IMPVII	P M T R P I I I COSIIPP, Fortuna dr., standing front, head l., holding rudder on globe in r. hand and cornucopiae in l.	BMC_V 137 RIC 69 Hill 184
				Issues of A.D. 196–197 (IMP VIII)		
18	Billon 18.9 2.50	7 h	D	LSEPTSEVPE[R]T AVGIMPVIII, head of Septimius Severus, laur., r.	FORTVNAE REDVCI, Fortuna dr., seated l., holding rudder on globe in r. hand and cornucopiae in l.; below seat, wheel	BMC_V 161f. RIC 78a Hill 233
19	Billon 17.3 2.80	12 h	D	Similar, but [LSE]PTSEVPERT [AVGIMPVIII]	Similar, but [FOR]TVNAE REDVC[I]	BMC_V 161f. RIC 78a Hill 233
20	Billon 17.5 3.84	6 h	D	Similar, but [L]SEPTSEVPE [RT]AVG[IMPVIII]	L I B E R [A L I T] A S A V G II, Liberalitas standing l., holding *abacus* in r. hand and cornucopiae in l.	BMC_V 166f. RIC 81a Hill 234

[15] Inv. no. A 2327. Archival records Krasicki, fol. 9, 400; Collection 1829, fol. 99, no. 19/25 (erroneously as "SECVRITAS AVGVSTI" – sic!); KMR 1940. Donated by Count Ignacy Krasicki, 1829.

[16] Inv. no. A 3861. Archival records unknown.

[17] Inv. no. A 3857. Archival records: KMR 1919.

[18] Inv. no. A 2295. Archival records: KMR 1904.

[19] Inv. no. A 3860. Archival records: unknown.

[20] Inv. no. A 2308. Archival records: IML 2365; KMR 1912.

No.	Metal Size Weight	Axis	Deno-mina-tion	Obverse	Reverse	Literature
21	Billon Pierced 16.8 3.07	6 h	D	Similar, but [LSEPTSEVPERT] AVGIMPVIII	[PROFECTIO AVG], Septimius Severus in military dress, riding on horse r., holding spear in r. hand	BMC$_V$ 170f. RIC 106 Hill 277
22	Billon 17.7 3.29	12 h	D	Similar, but [LSEPTSEV]PERT AVGIMPVIII	PROVIDEN TIAAVG, Providentia dr., standing front, head l., holding wand over globe in r. hand and sceptre in l.	BMC$_V$ 172f. RIC 92a Hill 251 (Rome)
				1st issue of A.D. 197 (IMP VIII)		
23	Ag 46% Cu 53% Ni 0.03% 18.8 2.75	7 h	D	LSEPTSEVPERT AV[GIM]PVIII, head of Septimius Severus, laur., r.	[P M] T R P V C [O] SIIPP, Pax dr., seated l., holding branch in r. hand and sceptre in l.	BMC$_V$ 215ff. RIC 88a Hill 250
				2nd issue of A.D. 197 (IMP VIIII)		
24	Billon 17.1 2.87	12 h	D	[LS]EPTSEVPERT [AVGIMPVIIII], head of Septimius Severus, laur., r.	P M T R P V C O S [I I P P], Genius naked, standing front, head l., sacrificing out of patera in r. hand over lighted altar and holding corn-ears in l. hand	BMC$_V$ 230–233 RIC 87 Hill 269
				Issues of A.D. 197–198 (IMP X)		
25	Billon 17.2 3.15	6 h	D	LSEPTSEVPERT AVGIMPX, head of Septimius Severus, laur., r.	P A C I [AET]ERNAE, Pax, dr., seated l. on throne, holding branch in r. hand and sceptre in l.	BMC$_V$ 253f. RIC 118 Hill 306

[21] Inv. no. A 3859. Archival records: unknown. Pierced on 3 h. Coin in this type were struck in Laodicea ad Mare, too.

[22] Inv. no. A 2320. Archival records: IML 2372; KMR 1934. Coin in this type were struck in Laodicea ad Mare, too.

[23] Inv. no. A 6017. Acquired in 2007. According to the information from the donor of this coin, obtained after its accession, it was found in Gomolava near Hrtkovci in Serbia. Tooled.

[24] Inv. no. A 2305. Archival records: Ossoliński, 53; Collection 1829, fol. 99, no. 19/26; IML 1121; KMR 1920. Donated by Count Józef Maksymilian Ossoliński, 1828.

[25] Inv. no. A 2307. Archival records: KMR 1916.

Mint of Cappadocian Caesarea or Laodicea ad Mare
Billon

BMC$_V$, pp. 87–101 as *Uncertain: 'Emesa'*

No.	Metal Size Weight	Axis	Deno-mina-tion	Obverse	Reverse	Literature
				Issues of A.D. 194–195 (COS II)		
26	Billon 18.5 2.91	12 h	D	IMPCAELSEPSEV PERTAVGCOSII, head of Septimius Severus, laur., r.	F O R T V N R E D V C, Fortuna wearing *polos* on head, dr., standing front, head l., holding rudder in r. hand and cornucopiae in l.	BMC$_V$ 355 RIC 377
27	Billon 17.8 3.43	1 h	D	Similar, but IMPCAELSEP SEVPERTAVG COSII	F O R T [V N] R E D V C, Fortuna (Hilaritas) wearing *polos* on head, dr., standing front, head l., holding long palm in r. hand and cornucopiae in l.	BMC$_V$ 357–361 RIC 383
28	Billon 18.4 2.70	12 h	D	Similar but IMP CAELSEPSEV PERTAVGCOSII	F O R T V N R EDVC, Fortuna (Pax) seated l., holding branch in r. hand and cornucopiae in l.	BMC$_V$, p. 93, † RIC 386
29	Billon 17.6 2.24	6 h	D	Similar, but [IMPCAELSEPSEV] [P]ERTAVGCOSI[I]	I N V I C T O I M P, trophy in centre, at foot, l., spear and crested helmet, r., two oblong shields and two spears	BMC$_V$ 365f. RIC 389
30	Billon 17.7 2.84	12 h	D	Similar, but [IM]PCAELSEPSEV PERTAVGCOSII	Similar, but I N V I C T [O I M] P	BMC$_V$ 365f. RIC 389

---

[26] Inv. no. A 2302. Archival records: Ossoliński, 54; Collection 1829, fol. 99, no. 19/23; KMR 1902. Donated by Count Józef Maksymilian Ossoliński.

[27] Inv. no. A 2288. Archival records: KMR 1901.

[28] Inv. no. A 2290. Archival records: KMR 1903.

[29] Inv. no. A 2303. Archival records: KMR 1910.

[30] Inv. no. A 2289. Archival records: Krasicki, fol. 9, 393 (erroneously as INVICTO AVG); Collection 1829, fol. 100, no. 19/35; KMR 1909. Donated by Count Ignacy Krasicki, 1829.

No.	Metal Size Weight	Axis	Deno- mina- tion	Obverse	Reverse	Literature
31	Billon 17.6 2.70	12 h	D	Similar, but IMPCAELSEPSEV [PERTAVGCOSII]	P I E T A T A V G, Septimius Severus, dr., veiled, standing front, head l., sacrificing out of patera in r. hand over tripod and holding roll in l. hand	BMC_V 387f. RIC 413

Mint of Laodicea ad Mare

Billon

BMC_V, pp. 105–117 as *Uncertain: 'Laodicea ad Mare'*

No.	Metal Size Weight	Axis	Deno- mina- tion	Obverse	Reverse	Literature
				Issues of A.D. 196–197 (IMP VIII – New style)		
32	Ag 43% Cu 55% Ni 0.2% 18.9 3.25	12 h	D	LSEPTSEVPER AVGIMPVIII, head of Septimius Severus, laur., r.	PM T R P V C O S IIPP, Pax dr., seated l., holding branch in r. hand and sceptre in l.	BMC_V 452–455 RIC 490a

Mint of Rome

Aes

BMC_V, pp. 117–155

No.	Metal Size Weight	Axis	Deno- mina- tion	Obverse	Reverse	Literature
				Issues of A.D. 193 (*legionary series*, TR P COS)		
33	AE 31.1 24.26	5 h	S	[IMPCAES]LSEPT SEV[PERTAVG], head of Septimius Severus, laur., r.	LEG[XIIII GEMMV], in ex. TRP COS, in field S C, legionary eagle on perch, l., between two standards; to l. and r., capricorns	BMC_V 471 RIC 652 Hill 35

---

[31] Inv. no. A 2304. Archival records: IML 2572; KMR 1917. Donated by Leopold von Sacher-Masoch, the commissioner of the police in L'viv, in 1843 (note in IML).

[32] Inv. no. A 2316. Archival records: KMR 1922

[33] Inv. no. A 2329. Archival records: Lubomirski Æ, 247; Collection 1829, fol. 99, no. 19/16; IML 1110; KMR 1911. Donated by Prince Henryk Lubomirski, 1828.

No.	Metal Size Weight	Axis	Deno- mina- tion	Obverse	Reverse	Literature
				Issues of A.D. 194 (IMP III)		
34	AE 28.8 17.44	6 h	S	[LSEPTSEVPERT AVGIMPIII], head of Septimius Severus, laur., r.	[MONET AVGCOS IIPP], in ex. [S C], the Three Monetae standing front, heads l., each holding scales in r. hands and cornucopiae in l.	BMC_V 508 RIC 670 Hill 70
				Issues of A.D. 196–197 (IMP VIII)		
35	AE 28.0 15.3	11 h	S	[LSEPTS]EVPERT AVGIMP III, head of Septimius Severus, laur., r.	[P R O] F E C T I O [A V G S] C, Septimius Severus on horse pacing r., holding spear in r. hand	BMC_V 603 RIC 728 Hill 259

Julia Domna (A.D. 193–197)

Mint of Caesarea in Cappadocia or Laodicea ad Mare

Billon

BMC_V, pp. 102–105 as *Uncertain: 'Emesa': 'Laodicea ad Mare'*

No.	Metal Size Weight	Axis	Deno- mina- tion	Obverse	Reverse	Literature
36	Billon 18.40 2.43	6 h	D	IVLIADO MNAAVG, medium-sized bust of Julia Domna, draped, r., hair waved and coiled at back in a vertical chignon on the back of the head	B O N A E S P E I, Spes, dr., advancing l., holding flower up in r. hand and raising skirt	BMC_V 414 RIC 615

34 Inv. no. A 2331. Archival records: Collection 1829, fol. 99, no. 19/17; IML 1111; KMR 1915.

35 Inv. no. A 2328. Archival records: IML 1104; KMR 1933. The reverse was treated with a sharp tool.

36 Inv. no. A 2332. Archival records: Lubomirski, 389; Collection 1829, fol. 100, no. 19/50; IML 1128; KMR 1946. Donated by Prince Henryk Lubomirski, 1828.

Clodius Albinus as Caesar (A.D. 193–195)

Mint of Rome

AR

BMC_V, pp. 25–26, 35–38

No.	Metal Size Weight	Axis	Deno-mina-tion	Obverse	Reverse	Literature
				Issues of A.D. 193 (COS)		
37	AR 18.9 3.17	12 h	D	DCLODIVSAL BINVSCAES, head of Clodius Albinus, bare, r.	P R O V I D [A V G] C O S, Providentia dr., standing front, head l., holding wand over globe in r. hand and sceptre in l.	BMC_V 38–42 RIC 1
38	AR 18.4 3.13	12 h	D	Similar	Similar, but P R O V I D A V G C O S	BMC_V 38–42 RIC 1
39	AR 17.9 2.47	12 h	D	Similar, but [DCLO]DIVSAL BINVS[CAES	Similar, but PROVID A VG [COS]	BMC_V 38–42 RIC 1 Wojtowicz 506 (this specimen)
				Issues of A.D. 193–195 (undated)		
40	AR 17.6 2.93	6 h	D	DCLSEPTAL BIN[CAES], head of Clodius Albinus, bare, r.	ROMAE [AETERNAE], Roma, helmeted, dr., seated l. on shield, holding *palladium* in r. hand and spear in l.	BMC_V 43f. RIC 11a
				Issues of A.D. 194–195 (COS II)		
41	AR 18.6 2.98	12 h	D	DCLODSEPT ALBINCAES, head of Clodius Albinus, bare, r.	C O S [I] I, Aesculapius, naked to waist, standing front, head l., holding round object in r. hand, which he offers to snake coiled round rod at his side to l.	BMC_V 88f. RIC 2

37 Inv. no. A 2281. Archival records: KMR 1893.

38 Inv. no. A 3809. Archival records: unknown.

39 Inv. no. A 3802. Acquired in 1960. From the Pomorska Street Hoard.

40 Inv. no. A 3811. Archival records: unknown.

41 Inv. no. A 2278. Archival records: IML 1107; KMR 1890. In BMC there is a suggestion that the ‘round object’ may be a cake; another possibility is fruit.

No.	Metal Size Weight	Axis	Deno- mina- tion	Obverse	Reverse	Literature
42	AR 17.7 2.64	5 h	D	Similar, but [D]CLOD[SEPT] ALBINCAES	Similar, but C O S I I	BMC_V 88f. RIC 2
43	AR 18.1 3.09	12 h	D	Similar, but [D]CLOD[SEPT] ALBINCAES	[MIN]ER PA CIFCOS[II], Minerva, helmeted, dr., standing front, head l., holding branch in r. hand and resting l. hand on shield, set on ground, r.; spear against l. arm	BMC_V 95–102 RIC 7
44	AR 17.9 2.93	6 h	D	Similar, but [D]CLODSEPT ALBIN[CAES]	Similar, but [MINE]R PA CIFCOSII	BMC_V 95–102 RIC 7

Mint of Rome

Aes

BMC_V, pp. 122, 132–136

No.	Metal Size Weight	Axis	Deno- mina- tion	Obverse	Reverse	Literature
45	AE 24.2 10.39	12 h	As	D[CLODSEP]TAL BINCAES, head of Clodius Albinus, bare, r.	[SAECVLOF]RVG[I FEROCOSII], [S C], Saeculum Frugiferum, radiate, bare to waist, standing front, head l., holding caduceus and trident	BMC_V 548ff. RIC 61b

[42] Inv. no. A 3810. Archival records: unknown.
[43] Inv. no. A 2279. Archival records: KMR 1891.
[44] Inv. no. A 2280. Archival records: KMR 1892.
[45] Inv. no. A 2282. Archival records: IML 1109; KMR 1894.

Caracalla as caesar (A.D. 195–198)

Mint of Rome
Billon
BMC$_V$, pp. 50–55

No.	Metal Size Weight	Axis	Deno- mina- tion	Obverse	Reverse	Literature
				Issues of A.D. 196–197 (CAES)		
46	Billon 17.4 3.07	12 h	D	[MAVRANTO] NINVSCAES, bust of Caracalla r., head bare	SEVERIAVGPIIFIL, priestly emblems: *lituus*, knife, jug, *simpulum* and sprinkler	BMC$_V$ 184–188 RIC 4 Hill 218
				Issues of A.D. 197–198 (CAES PONTIF)		
47	Billon 16.9 3.61	6 h	D	Similar, but [M]AVRANTON [CAE]SPONTIF	[I M P E] R I I FELICIT[AS], Felicitas dr., standing front, head l., holding caduceus in r. hand and child on l. arm	BMC$_V$ 199ff. RIC 9 Hill 282

Mint of Rome
Aes
BMC$_V$, pp. 150–152

No.	Metal Size Weight	Axis	Deno- mina- tion	Obverse	Reverse	Literature
48	AE 23.6 8.70	12 h	As	M[AVRAN]TO NINVSCAES, bust of Caracalla r., dr., cuirassed, head bare	[SEVERIAVGPIIFIL], in ex. S C, priestly emblems: *lituus*, axe patera, jug, *simpulum* and sprinkler	BMC$_V$ 615f. RIC 404 Hill 208

46 Inv. no. A 2348. Archival records: KMR 1998.

47 Inv. no. A 2349. Archival records: Collection 1829, fol. 101, no. 19/68; IML 1149; KMR 1969.

48 Inv. no. A 2384. Archival records: IML 1173; KMR 1997.

II. THE REIGN OF SEPTIMIUS SEVERUS AND HIS SONS, CARACALLA AND GETA

(A.D. 198–217)

Septimius Severus (A.D. 198–211)

A.D. 198–209: joint reign with Caracalla
A.D. 209–211: joint reign with Caracalla and Geta

Mint of Rome
Billon

BMC$_V$, pp. 175–180, 182, 189–195, 202–203, 213–232, 239–240, 248–250, 252–253, 262–264, 268–270
(if not otherwise stated)

No.	Metal Size Weight	Axis	Deno- mina- tion	Obverse	Reverse	Literature
				Issues of A.D. 198–200 (IMP XI)		
49	Billon 19.1 2.33	12 h	D	[L]SEPT[SEVAVGI MP]XIPARTMAX, head of Septimius Severus, laur., r.	C O S I I P P, Victory advancing l., holding wreath in r. hand and palm in l.	BMC$_V$, p. 176, * RIC 125 Hill 389
				Issues of A.D. 199 (TR P VII)		
50	Billon 18.6 3.04	6 h	D	LSEPTSEVAVGIMP XIPARTMAX, head of Septimius Severus, laur., r.	P MTRPVII COS I I P P, Fortuna, dr., wearing *polos*, standing front, head r., holding cornucopiae in r. hand and rudder in l.; at her feet to l., prow	BMC$_V$ 151 RIC 136 Hill 372
				Issues of A.D. 200 (TR P VIII)		
51	Billon 18.9 3.35	6 h	D	SEVERVSAVG PARTMAX, head of Septimius Severus, laur., r.	PMTRPVIII COSII P P, Victory flying l., holding open wreath in both hands over oval shield set on low base	BMC$_V$ 175ff. RIC 150 Hill 444

[49] Inv. no. A 3862. Archival records: unknown. Coin in this type were struck in Laodicea ad Mare, too.
[50] Inv. no. A 2318. Archival records: KMR 1923.
[51] Inv. no. A 2317. Archival records: KMR 1924.

No.	Metal Size Weight	Axis	Deno- mina- tion	Obverse	Reverse	Literature
				Issues of A.D. 200–201 (SEVERVS AVG PART MAX)		
52	Billon 19.9 3.52	12 h	D	SEVERVSAVG PARTMAX, head of Septimius Severus, laur., r.	RESTITVTOR VRBIS, Septimius Severus, laur., in military dress and cloak, standing front, head l., sacrificing out of patera in r. hand over tripod to l. and holding spear in l.	BMC_V 202–207 RIC 167a Hill 494
				Issues of A.D. 203 (TR P XI)		
53	Billon 18.7 3.08	1 h	D	SEVERVS PIVSAVG, head of Septimius Severus, laur., r.	P M T R P X I COSIIIPP, Fortuna seated l., holding rudder in r. hand and cornucopiae in l.; under seat, wheel	BMC_V 432f. RIC 189b Hill 601
				Issues of A.D. 203 within the series of A.D. 201–210 (SEVERVS PIVS AVG)		
54	Billon 18.4 3.02	7 h	D	SEVERVS PIVSAVG, head of Septimius Severus, laur., r.	FVNDAT OR P A C I S, Septimius Severus, dr., veiled, standing front, head l., holding branch in r. hand and roll in l.	BMC_V 330 RIC 265 Hill 505
55	Billon 18.9 3.57	1 h	D	Similar	Similar, but FVNDAT OR P A C I S	BMC_V 330 RIC 265 Hill 505
56	Billon 19.6 3.16	6 h	D	Similar	Similar, but FVNDATO[R] P A C I S	BMC_V 331 RIC 265 Hill 505
57	Billon 19.4 2.58	12 h	D	Similar, but SEVERVS PIVSAV[G]	INDVLGENTIAAVGG, in ex. INCARTH, Dea Caelestis, dr., riding r., on a lion running to l., holding drum in r. hand and sceptre in l.; below l., water gushing from rock	BMC_V 334–338 RIC 267a Hill 655

[52] Inv. no. A 2319. Archival records: KMR 1935.
[53] Inv. no. A 2314. Archival records: KMR 1925.
[54] Inv. no. A 2292. Archival records: KMR 1907.
[55] Inv. no. A 2293. Archival records: KMR 1906.
[56] Inv. no. A 2291. Archival records: KMR 1905.
[57] Inv. no. A 2294. Archival records: KMR 1908.

No.	Metal Size Weight	Axis	Deno- mina- tion	Obverse	Reverse	Literature
				Issues of A.D. 204 within the series of A.D. 201–210 (SEVERVS PIVS AVG)		
58	Billon 19.2 2.65	6 h	D	SEVERVS PIVSAVG, head of Septimius Severus, laur., r.	F E L I C IT ASAVGG, Felicitas dr., standing front, head l., holding caduceus in r. hand and cornucopiae in l.	BMC_V 323 RIC 261 Hill 733
				Issues of A.D. 205 (TR P XIII)		
59	Billon 19.4 3.34	6 h	D	SEVERVS PIVSAVG, head of Septimius Severus, laur., r.	PMTRPXIIICOSIIIPP, Jupiter, naked, standing front, head l., holding thunderbolt in r. hand and sceptre in l.; at feet, l., eagle standing l., looking back	BMC_V 471ff. RIC 196 Hill 727
60	Billon 19.1 3.14	12 h	D	Similar	Similar, but PMTRPXIII COSIIIPP	BMC_V 471ff. RIC 196 Hill 727
				Issues of A.D. 206 (TR P XIIII)		
61	Billon 20.2 2.82	6 h	D	SEVERVS PIVSAVG, head of Septimius Severus, laur., r.	PMTRPXIIIICOSIIIPP, Annona dr., standing front, head l., holding two corn-ears in r. hand and cornucopiae in l., at feet, l., modius with corn-ears	BMC_V 489–492 RIC 200 Hill 766
				Issues of A.D. 208 within the series of A.D. 201–210 (SEVERVS PIVS AVG)		
62	Billon 18.5 3.07	5 h	D	SEVERVS PIVSAVG, head of Septimius Severus, laur., r.	VOTASVS CEPTAXX, Septimius Severus, veiled, dr., standing front, head l., sacrificing out of patera over lighted tripod and holding roll in l. hand	BMC_V 375 RIC 308 Hill 844

[58] Inv. no. A 2287. Archival records: IML 2571; KMR 1900. Acquired by exchange with an unknown person in 1844 (protocol no. 82/1844 – a note in IML).

[59] Inv. no. A 2309. Archival records: KMR 1926.

[60] Inv. no. A 2310. Archival records: KMR 1927. A sharp tool was applied for cleaning the obverse before 1900.

[61] Inv. no. A 2311. Archival records: IML 1125; KMR 1928.

[62] Inv. no. A 2325. Archival records: KMR 1945.

No.	Metal Size Weight	Axis	Deno- mina- tion	Obverse	Reverse	Literature
				Issues of A.D. 209 (TR P XVII) BMC$_V$, pp. 356–357		
63	Billon 19.7 3.43	6 h	D	SEVERVS PIVSAVG, head of Septimius Severus, laur., r.	PMTRPXVII COSIIIPP, Jupiter, naked but for cloak, standing front, head l., holding thunderbolt in r. hand and sceptre in l., by him, two children standing, one r., one l. and extending hands towards the god	BMC$_V$ 1 RIC 226 Hill 1039f.
	Issues of A.D. 209 within the series of A.D. 201–210 (SEVERVS PIVS AVG)					
64	Billon 19.5 2.94	12 h	D	SEVERVS PIVSAVG, head of Septimius Severus, laur., r.	RESTITVTOR VRBIS, Roma seated l. on shield, holding *palladium* on r. hand and sceptre in l., her r. foot rests on stool	BMC$_V$ 359 RIC 288 Hill 843
65	Billon 18.3 3.17	12 h	D	Similar	Similar, but RESTITVTOR V R B I S	BMC$_V$ 359 RIC 288 Hill 843
66	Billon 18.9 2.96	6 h	D	Similar	RESTITVTOR VRBIS, Roma seated l., on shield, holding *palladium* on r. hand and spear in l.	BMC$_V$ 361 RIC 288 Hill 843
67	Billon 19.6 3.82	6 h	D	Similar	Similar	BMC$_V$ 361 RIC 288 Hill 843

[63] Inv. no. A 2315. Archival records: Krasicki, fol. 9, 394 (erroneously TR P VII); Collection 1829, fol. 100, no. 19/37; IML 1126; KMR 1929. Donated by Count Ignacy Krasicki, 1829.
[64] Inv. no. A 2297. Archival records: KMR 1936.
[65] Inv. no. A 2298. Archival records: KMR 1939.
[66] Inv. no. A 2300. Archival records: KMR 1937.
[67] Inv. no. A 2301. Archival records: IML 1112; KMR 1938.

No.	Metal Size Weight	Axis	Deno- mina- tion	Obverse	Reverse	Literature

First issue of A.D. 210 (TR P XVIII)

BMC_V, pp. 360f.

68	Billon 18.8 3.21	5 h	D	SEVERVS PIVSAVG, head of Septimius Severus, laur., r.	PMTRPXVIIICOSIIIPP, Salus, dr., seated l., feeding out of r. hand snake held in her arms and resting l. arm on side of throne	BMC_V 20ff. RIC 236 Hill 1081

Mint of Laodicea ad Mare
Billon

BMC_V as *Uncertain: 'Laodicea ad Mare'*, pp. 280–283, 285–289, 291, 294–295, 297–299

No.	Metal Size Weight	Axis	Deno- mina- tion	Obverse	Reverse	Literature

Issues of A.D. 198–202 (IMP XI PART MAX)

69	Billon 19.2 3.42	6 h	D	[LS]EPTSEVAVG IMP XIPART[MAX], head of Septimus Severus, laur., r.	C O S I I P P, Victory, dr., advancing l., holding wreath in r. hand and palm in l.	BMC_V 655f. RIC 503a

[68] Inv. no. A 2312. Archival records: KMR 1932.

[69] Inv. no. A 2286. Archival records: KMR 1897. Coin in this type were struck in Rome, too. The 'I' capital on the obverse is very faint, but visible.

Mint of Rome

Aes

BMC$_V$, pp. 387–388, 393–397, 405–406, 413–414

No.	Metal Size Weight	Axis	Denomination	Obverse	Reverse	Literature
				Issues of A.D. 210 (TR P XVIII)		
70	AE 25.4 10.46	6 h	As	SEVERVS PIVSAVG, head of Septimius Severus, laur., r.	PMTRPXVIIICOSIIIPP, in ex. S C, Roma, dr., seated r., holding palladium in r. hand and spear in l.; in front of her, captive, kneeling l., holding out both hands	BMC$_V$ 197ff. RIC 804 Hill 1100

Julia Domna (A.D. 198–211)

Mint of Rome

Billon

BMC$_V$, pp. 156–170

No.	Metal Size Weight	Axis	Denomination	Obverse	Reverse	Literature
				Middle group, issues of c.a. A.D. 199 or 200–207		
71	Ag 47% Cu 51% Ni 0.04% 18.3 3.52	12 h	D	IVLIA AVGVSTA, medium-sized bust of Julia Domna, draped, r., hair waved and coiled at back in a vertical chignon on the back of the head	I V N O REGINA, Juno, wearing *stephane*, veiled, standing l., holding patera in r. hand and sceptre in l., at feet, peacock standing l., looking back	BMC$_V$ 42ff. RIC 560 Hill 156

[70] Inv. no. A 3863. Archival records: unknown.

[71] Inv. no. A 2337. Archival records: KMR 1955.

No.	Metal Size Weight	Axis	Deno-mina-tion	Obverse	Reverse	Literature
				Middle to late group, issues of c.a. A.D. 199 or 200–211		
72	Billon 20.3 3.76	12 h	D	IVLIA AVGVSTA, medium-sized bust of Julia Domna, draped, r., hair waved and coiled at back in a vertical chignon on the back of the head	I V N O, Juno, dr., veiled, wearing *stephane*, standing front, head l., holding patera in r. hand and sceptre in l.; at her feet, peacock standing l., head turned r.	BMC_V 38ff. RIC 559 Hill 1029
				Late group, issues of c.a. A.D. 207–211		
73	Billon 19.6 2.90	7 h	D	IVLIA A[VGVSTA], medium-sized bust of Julia Domna, draped, r., hair waved and coiled at back in a vertical chignon on the back of the head	F E L I C I T A S, Felicitas dr., standing front, head l., holding caduceus in r. hand and sceptre in l.	BMC_V 22f. RIC 551 Hill 771
74	Billon 19.7 3.28	11 h	D	Similar, but IVLIA AVGVSTA	H I L A R I T A S, Hilaritas dr., standing front, head l., holding long palm set on ground in r. hand and cornucopiae in l.; two small children at her sides to r. and l., raising hands	BMC_V 35 RIC 557 Hill 985

[72] Inv. no. A 2336. Archival records: KMR 1953.
[73] Inv. no. A 2334. Archival records: KMR 1949.
[74] Inv. no. A 2335. Archival records: KMR 1952.

Mint of Laodicea ad Mare
Billon
BMC$_V$, pp. 276–280

No.	Metal Size Weight	Axis	Deno- mina- tion	Obverse	Reverse	Literature
75	Billon 20.0 3.17	5 h	D	IVLIA AVGVSTA, medium-sized bust of Julia Domna, draped, r., hair waved and coiled at back in a vertical chignon on the back of the head	VENVS FELIX, Venus, dr., standing front, head l., holding globe in r. hand and sceptre in l.	BMC$_V$ 619ff. RIC 646

Mint of Rome
Aes
BMC$_V$, pp. 306–314

No.	Metal Size Weight	Axis	Deno- mina- tion	Obverse	Reverse	Literature
				Early group, issues of c.a. A.D. 198–199 or 200		
76	AE 27.60 11.20	12 h	As	IVLIA AVGVSTA, medium-sized bust of Julia Domna, draped, r., hair waved and fastened in queue low on neck	[H I L A] R I T A S, l. and r. in field S C, Hilaritas, dr., standing front, head l., holding long palm in r. hand and cornucopiae in l.	BMC$_V$ 786 RIC 877 Hill 998
77	AE 25.10 8.13	6 h	As	Similar, but IVLIA AVGV[STA]	Similar, but H I L A R I T A S	BMC$_V$ 786 RIC 877 Hill 998
78	AE 27.3 14.01	6 h	Dp	Similar, but IVLIA AVGVSTA	V E N V S V I C T R I X, Venus standing front, head l., holding helmet in r. hand and palm in l., and leaning on column; at feet, to l., round shield	BMC$_V$ 795 RIC 888 Hill 1157

---

[75] Inv. no. A 2338. Archival records: IML 1140; KMR 1960. Coin in this type were struck in Rome, too.
[76] Inv. no. A 2343. Archival records: KMR 1950.
[77] Inv. no. A 2344. Archival records: KMR 1951.
[78] Inv. no. A 2345. Archival records: Collection 1829, fol. 100, no. 19/44; IML 1143; KMR 1964.

Geta as caesar (A.D. 198–209)

Mint of Rome

Billon

BMC$_V$, pp. 181–182, 196–201, 241–248, 273–275

No.	Metal Size Weight	Axis	Deno-mina-tion	Obverse	Reverse	Literature
				Issues of A.D. 198–200 (L SEPTIMIVS GETA CAES)		
79	Billon 19.3 3.08	6 h	D	LSEPTIMIVS [G]ETACAES, bust of Geta, dr., head bare, r.	FELICIT AS T EMPOR, Felicitas dr., standing front, head l., holding caduceus in r. hand and cornucopiae in l.	BMC$_V$ 144f. RIC 2 Hill 337
80	Billon 17.7 3.08	6 h	D	Similar, but LSEPTIMIVS GETACAES	FELICIT[AS TEMPOR], Felicitas dr., standing front, head r., holding long caduceus in l. hand, clasping r. hands with Geta, togate, standing l. and holding cornucopiae in l. hand	BMC$_V$ 146 RIC 1 Hill 337
				Issues of A.D. 200–205 (P SEPT GETA CAES PONT)		
81	Billon 18.8 3.07	6 h	D	PSEPTGETA CAESPONT, bust of Geta, dr., cuirassed, head bare, r.	FELICITAS PVBLICA, Felicitas, dr., standing front, head l., holding caduceus in r. hand and cornucopiae in l.	BMC$_V$ 218–221 RIC 9b Hill 605
82	Billon 19.1 3.38	1 h	D	Similar	PR IN C IVVENT, Geta, in military dress, standing front, head l., holding branch in r. hand and spear in l.	BMC$_V$ 229–233 RIC 15b Hill 503

79 Inv. no. A 2387. Archival records: Lubomirski, 401–402; KMR 2009. One of two specimens donated by Prince Henryk Lubomirski, 1828. One specimen was excluded from the collection, since there is only one specimen of this type recorded in 1829: Collection 1829, fol. 101, no. 20/19. Coin in this type were struck in Laodicea ad Mare, too.

80 Inv. no. A 2388. Archival records: KMR 2010.

81 Inv. no. A 6029. Acquired in 2007.

82 Inv. no. A 2392. Archival records: IML 1186; KMR 2017.

No.	Metal Size Weight	Axis	Deno-mina-tion	Obverse	Reverse	Literature
83	Billon 18.6 2.97	12 h	D	Similar	SECVRIT IMPERII, Securitas seated l., holding globe on r. hand, l. arm resting on chair	BMC_V 240–243 RIC 20b Hill 553
84	Billon 20.1 3.18	12 h	D	Similar	VICT AE TE RN, Victory, dr., advancing l., holding open wreath in both hands over round shield set on low base	BMC_V 247f. RIC 101 Hill 455
				1st issue of A.D. 205 (GETA CAES PONT COS)		
85	Billon 20.8 3.27	12 h	D	GETACAES PONTCOS, bust of Geta, dr., cuirassed, head bare, r.	VOTA PVBLICA, Geta standing front, head l., sacrificing out of patera in r. hand over lighted tripod and holding roll in l.	BMC_V 441f. RIC 38a Hill 732
				2nd issue of A.D. 205 (P SEPTIMIVS GETA CAES)		
86	Billon 19.0 3.2	7 h	D	PSEPTIM[IVS] GETACAES, bust of Geta, dr., head bare, r.	PONTIF C O S, Minerva, dr., standing front, head l., resting r. hand on shield set on ground and holding spear in l.	BMC_V 446–449 RIC 34b Hill 848
87	Billon 18.8 3.31	1 h	D	Similar, but PSEPTIMIVS GETACAES	PROVID DEORVM, Providentia, wearing *stephane*, dr., standing front, head l., holding wand over globe in r. hand and sceptre in l.	BMC_V 458–463 RIC 51 Hill 770

83 Inv. no. A 2393. Archival records: IML 1184; KMR 2019.

84 Inv. no. A 2397. Archival records: KMR 2021. Coin in this type were struck in Laodicea ad Mare, too.

85 Inv. no. A 2391. Archival records: KMR 2022.

86 Inv. no. A 2402. Archival records: Krasicki, fol. 10, 407 (erroneously as 'Mars'); Collection 1829, fol. 101, no. 20/13; IML 1185; KMR 2012. Donated by Count Ignacy Krasicki, 1829.

87 Inv. no. A 2396. Archival records: IML 1183; KMR 2018.

Caracalla
(A.D. 198–211)

A.D. 198–209: joint reign with Septimius Severus
A.D. 209–211: joint reign with Septimius Severus and Geta
A.D. 211 (from February 4th to December 26th): joint reign with Geta

Mint of Rome
Billon

BMC$_V$, pp. 171–174, 183–188, 190, 204–212, 232–234, 240–241, 248–249, 250–252, 254–261, 265–267, 270–273 (if not otherwise stated)

No.	Metal Size Weight	Axis	Deno-mina-tion	Obverse	Reverse	Literature
				No earlier than issues of A.D. 199 (TR P II)		
88	Billon 18.4 3.35	12 h	D	ANTONINVS AVGVSTVS, bust of Caracalla, laureate, draped, r.	PONT TRPII, Securitas dr., seated r., by lighted altar, propping head on r. hand and holding sceptre in l.	BMC$_V$ 156 RIC 29 Hill 405
				Issues of A.D. 201 (TR P IIII)		
89	Billon 18.4 2.81	12 h	D	ANTONINVS PIVSAVG, bust of Caracalla, laureate, draped, r.	PARTMAXPONT TRPIIII, two captives wearing peaked caps, seated at foot of trophy, r. and l., mourning	BMC$_V$ 262ff. RIC 54b Hill 529
				Issues of A.D. 202 within the series of A.D. 201–210 (ANTONINVS PIVS AVG)		
90	Billon 19.7 2.78	12 h	D	ANTONINVS PIVSAVG, bust of Caracalla, laureate, draped, r.	VICT PARTMAX, Victory, dr., advancing l., holding wreath up in r. hand and palm in l.	BMC$_V$ 295ff. RIC 144b Hill 688

[88] Inv. no. A 2350. Archival records: Collection 1829, fol. 101, no. 19/69; IML 1151; KMR 1995.

[89] Inv. no. A 2368. Archival records: Lubomirski, 394–395; Collection 1829, fol. 101, no. 19/70–72; IML 1154–1155; KMR 1976. One of two specimens of the type donated by Prince Henryk Lubomirski, 1828.

[90] Inv. no. A 2372. Archival records: IML 1153; KMR 2002.

No.	Metal Size Weight	Axis	Deno-mina-tion	Obverse	Reverse	Literature
91	Billon 18.6 2.27	1 h	D	Similar	Similar, but V [I] C T P A R T M [A X]	BMC$_V$ 295ff. RIC 144b Hill 688
				Issues of A.D. 204 within the series of A.D. 201–210 (ANTONINVS PIVS AVG)		
92	Billon 19.7 3.18	12 h	D	ANTONINVS PIVSAVG, bust of Caracalla, laureate, draped, r.	IIIILIBERALI TASAVGG, Liberalitas, dr., standing front, head l., holding *abacus* in r. hand and cornucopiae in l.	BMC$_V$ 284f. RIC 135 Hill 658
				Issues of A.D. 205 (TR P VIII)		
93	Billon 18.6 2.76	1 h	D	ANTONINVS PIVSAVG, head of Caracalla, bare, r.	PONTIFTRP VIIIICOSII, Mars, in military dress and cloak, standing front, head l., resting r. hand on two round shields and holding spear in l.	BMC$_V$ 482f. RIC 83 Hill 820
				Issues of A.D. 207 (TR P X)		
94	Billon 19.3 2.77	6 h	D	ANTONINVS PIVSAVG, head of Caracalla, bare, r.	PONTIF TRPXCOSII, Mars, naked except for cloak, advancing r., holding spear in r. hand and trophy in l.	BMC$_V$ 542–546 RIC 88 Hill 845
				Issues of A.D. 208 within the series of A.D. 201–210 (ANTONINVS PIVS AVG)		
95	Billon 19.8 2.57	6 h	D	ANTONINVS PIVSAVG, head of Caracalla, bare, r.	VOTASVS CEPTAX, Caracalla, veiled, dr., standing front, head l., sacrificing out of patera in r. hand over tripod and holding roll in l.	BMC$_V$ 524ff. RIC 179 Hill 821

[91] Inv. no. A 3865. Archival records: unknown.

[92] Inv. no. A 2353. Archival records: Collection 1829, fol. 101, no. 19/73; IML 1156; KMR 1970.

[93] Inv. no. A 2352. Archival records: Lubomirski, 396; Collection 1829, fol. 101, no. 19/75; IML 1164; KMR 1991. Donated by Prince Henryk Lubomirski, 1828.

[94] Inv. no. A 2351. Archival records: IML 1160; KMR 1992.

[95] Inv. no. A 2403. Archival records: unknown.

No.	Metal Size Weight	Axis	Deno-mina-tion	Obverse	Reverse	Literature
				Issues of A.D. 210 (TR P XIII)		
96	AR 18.5 2.79	12 h	–	ANTONINVS PIVSAVG, head of Caracalla, bare, r.	[PONTIF]TRPXIII COSIII, Concordia, dr., seated l., holding patera in r. hand and double cornucopiae in l.	BMC$_V$, p. 362, 29ff. RIC 116a Hill 1082

Mint of Laodicea ad Mare

Billon

BMC$_V$ as *Uncertain: 'Laodicea ad Mare'*, pp. 283–284, 291–295, 298–300

No.	Metal Size Weight	Axis	Deno-mina-tion	Obverse	Reverse	Literature
				Issues of A.D. 199 (TR P II)		
97	Billon 18.7 3.46	1 h	D	IMPCAEMAVRA NTAVGPTRPII, bust of Caracalla, dr., head laur. r.	SPESPV B L I C A, Spes, dr., advancing l., holding flower in r. hand and raising skirt with l.	BMC$_V$ 696ff. RIC 341

Mint of Rome

Aes

BMC$_V$, pp. 388–391, 397–400, 409–413, 415–416, 425–427

No.	Metal Size Weight	Axis	Deno-mina-tion	Obverse	Reverse	Literature
				Issues of A.D. 211 (TR P XIIII)		
98	AE 26.7 11.4	6 h	As	[ANTONIN]VS PIVS[AVGBRIT], head of Caracalla, laur., r.	VICTBR[ITTRPXIIIIC OSIII], Victory standing r., l. foot on helmet, inscribing shield set on palm with *stylus* in r. hand	BMC$_V$ 267 RIC 490 Hill 1214

[96] Inv. no. A 4108. Archival records: unknown. Perhaps an original coin, but badly damaged; the reverse is heavily reworked.

[97] Inv. no. A 2374. Archival records: IML 1152; KMR 1999.

[98] Inv. no. A 2383. Archival records: Lubomirski Æ, 256; Collection 1829, fol. 100, no. 19/61; IML 1172; KMR 2001. Donated by Prince Henryk Lubomirski, 1828.

Plautilla (A.D. 202–205)

Mint of Rome

Billon

BMC_V, pp. 234–239

No.	Metal Size Weight	Axis	Deno-mina-tion	Obverse	Reverse	Literature
				1st issue (PLAVTILLAE AVGVSTAE)		
99	Billon 18.4 2.71	1 h	D	PLAVTILLAE AVGVSTAE, bust of Plautilla, dr., head bare r., hair bound in bun on back of head	P R O P A G [O I M P E] R I, Caracalla, togate, standing l., holding roll in l. hand and clasping r. hand with Plautilla, who stands r., dr.	BMC_V 406–410 RIC 362 Hill 579 (AR var.)
				2nd issue (PLAVTILLA AVGVSTA)		
100	Billon 19.1 3.07	1 h	D	PLAVTILLA AVGVSTA, bust of Plautilla, dr., head bare, queue low at back	PIETAS A V G G, Pietas, dr., standing front, head r., holding sceptre in r. hand and child on l. arm	BMC_V 422–426 RIC 367 Hill 608
101	Billon 19.3 3.37	12 h	D	Similar	Similar	BMC_V 422–426 RIC 367 Hill 608
102	Billon 21.1 2.79	12 h	D	Similar	V E N V S V I C T R I X, Venus, naked to waist, standing front, head l., holding apple in r. hand and palm in l., resting left elbow on oval shield; at her feet, l., Cupid, winged and naked, standing l., holding helmet	BMC_V 428ff. RIC 369 Hill 661

99 Inv. no. A 2377. Archival records: unknown.

100 Inv. no. A 2375. Archival records: Collection 1829, fol. 101, no. 20/11; IML 1177; KMR 2005.

101 Inv. no. A 2376. Archival records: unknown. Part of reverse more heavily worn than the rest.

102 Inv. no. A 2378. Archival records: unknown.

Geta
(A.D. 209–211)

A.D. 209–211: joint reign with Septimius Severus and Caracalla
A.D. 211 (from February 4th to December 26th): joint reign with Caracalla

Mint of Rome

Billon

BMC_V, pp. 359, 364–365, 368–370, 377–378, 386

No.	Metal Size Weight	Axis	Deno-mina-tion	Obverse	Reverse	Literature
			1st issue of A.D. 210 (TR P II COS II)			
103	Billon 19.2 2.65	12 h	D	IMPCAESPSEPT GETAPIVSAVG, head of Geta, laur., r.	PONTIFTRPIICOSII, Genius, naked, standing front, head l., sacrificing with r. hand out of patera over lighted altar and holding corn-ears in l. hand	BMC_V 43ff. RIC 70b Hill 1085
			2nd issue of A.D. 210 (TR P II COS II, with BRIT on obv.)			
104	Billon 19.8 3.00	11 h	D	PSEPTGETAPIVS AVGBRIT, head of Geta, laur., r.	PONTIFTRP II C O S I I, Felicitas, dr., standing front, head l., holding cornucopiae in r. hand and caduceus in l.	BMC_V 47f. RIC 69b Hill 1153
105	Billon 19.6 3.28	12 h	D	Similar	PONTIFTRPIICOSII, Genius, standing front, head l., sacrificing out of patera in r. hand over lighted altar and holding corn-ears in l.	BMC_V 49 RIC 70a Hill 1154

103 Inv. no. A 2401. Archival records: IML 1187; KMR 2016.

104 Inv. no. A 2399. Archival records: Krasicki, fol. 10, 408; Collection 1829, fol. 101, no. 20/21; IML 1188; KMR 2014. Donated by Count Ignacy Krasicki, 1829.

105 Inv. no. A 2400. Archival records: KMR 2015.

Caracalla
Sole reign (A.D. 212–217)

Mint of Rome

Billon

BMC_V, pp. 436–468 (if not otherwise stated)

No.	Metal Size Weight	Axis	Deno-mina-tion	Obverse	Reverse	Literature
				Issues of A.D. 212 (TR P XV)		
106	Billon 19.1 4.2	12 h	D	ANTONINVSPIVS AVGERM, head of Caracalla, laur., r.	PMTRPXVCOSIIIPP, Hercules, naked, with lion-skin over l. arm, standing front, head l., holding branch in r. hand and club in l.	BMC_V 35–38 RIC 192 Hill 1325
107	Billon 18.7 3.38	6 h	D	ANTONINVSPIVS AVGBRIT, head of Caracalla, laur., r.	PMTRPXV COSIIIPP, Salus, dr., seated l., feeding out of patera snake coiled round altar and holding cornucopiae in l. hand	BMC_V 45f. RIC 196 Hill 1326
				Issues of A.D. 213		
				TR P XVI		
108	Billon 18.2 3.00	12 h	D	ANTONINVS PIVSAVGBRIT, head of Caracalla, laur., r.	PMTRPXVI COSIIIIPP, Hercules, naked, with lion-skin over l. arm, standing front, head l., holding branch in r. hand and club in l.	BMC_V 48f. RIC 206a Hill 1357
109	AR 19.4 3.94	6 h	D	Similar	PMTRPXVI COSIIIIPP, Serapis, wearing *polos* on head, standing l., raising r. hand and holding transverse sceptre in l.	BMC_V, p. 439, 50f. RIC 208 Hill 1359

[106] Inv. no. A 2360. Archival records: IML 1161; KMR 1978.

[107] Inv. no. A 2361. Archival records: Collection 1829, fol. 101, no. 19/78; IML 1162; KMR 1979.

[108] Inv. no. A 2363. Archival records: Lubomirski, 398; Collection 1829, fol. 101, no. 19/79; IML 1163; KMR 1981. Donated by Prince Henryk Lubomirski, 1828.

[109] Inv. no. A 2362. Archival records: Lubomirski, 399; Collection 1829, fol. 101, no. 20/2; IML 1165; KMR 1980. Donated by Prince Henryk Lubomirski, 1828. This coin raised some doubts, but after the conservation treatment, it seems that it is most probably genuine.

No.	Metal Size Weight	Axis	Deno-mina-tion	Obverse	Reverse	Literature
				CAMPAIGN AGAINST ALAMANNI BMC$_V$, pp. 371-372., 81–89; see also, BMC$_V$, Introduction, p. clxxx		
110	Billon 18.9 2.36	12 h	D	ANTONINVSPIVS AVGBRIT, head of Caracalla, laur., r.	MARTIPACATORI, Mars standing front, head l., holding branch and spear, resting l. hand on shield at side	BMC$_V$ 81–86 RIC 222 Hill 1294
				Issues of A.D. 215–217 within the series of A.D. 213–217 (ANTONINVS PIVS AVG GERM)		
111	Billon 20.1 2.83	12 h	D	ANTONINVSPIVS AVGGERM, head of Caracalla, laur., r.	MARTIPROPV GNATORI, Mars, in military dress, running l., holding spear in r. hand and trophy in l.	BMC$_V$ 72f. RIC 307 Hill 1390
112	Billon 18.8 2.46	6 h	D	Similar	Similar, but MARTIPROPVGNA TORI	BMC$_V$ 72f. RIC 307 Hill 1390
113	Billon 18.7 2.86	6 h	D	Similar	M O N E T A A V G, Moneta, dr., standing front, head l., holding scales in r. hand and cornucopiae in l.	BMC$_V$ 74f. RIC 224 Hill 1356
114	Billon 19.5 2.40	1 h	D	Similar	Similar	BMC$_V$ 74f. RIC 224 Hill 1356
115	Billon 19.6 2.71	7 h	D	Similar	V E N V S V I C T R I X, Venus, dr., standing front, head l., holding helmet in r. hand and sceptre set on captive in l., and leaning on shield; captives seated r. and l. at her feet	BMC$_V$ 82–85 RIC 312d Hill 1534

[110] Inv. no. A 2364. Archival records: Collection 1829, fol. 101, no. 20/5 or 6; KMR 1971.

[111] Inv. no. A 2354. Archival records: Lubomirski, 397; Collection 1829, fol. 101, no. 20/4; KMR 1972. Donated by Prince Henryk Lubomirski, 1828.

[112] Inv. no. A 2355. Archival records: Lubomirski later, 70; KMR 1973. Donated by Prince Henryk Lubomirski, 1828.

[113] Inv. no. A 6059. Acquired in 2007.

[114] Inv. no. A 2365. Archival records: KMR 1974.

[115] Inv. no. A 2356. Archival records: Collection 1829, fol. 101, no. 20/3; IML 1166; KMR 2000.

No.	Metal Size Weight	Axis	Deno-mina-tion	Obverse	Reverse	Literature
				Issues of A.D. 214 (TR P XVII)		
116	Billon 19.3 3.86	12 h	D	ANTONINVSPIVS AVGGERM, head of Caracalla, laur., r.	PMTRPXVII COSIIIIPP, Jupiter, naked but for cloak, standing front, head l., holding thunderbolt in r. hand and sceptre in l., at his feet to l., eagle looking back	BMC_V 94f. RIC 240 Hill 1402
				Issues of A.D. 215 (TR P XVIII)		
117	Billon 23.1 3.89	1 h	An	ANTONINVSPIVS AVGGERM, head of Caracalla, radiate, r.	PMTRPXVIII COSIIIIPP, Jupiter, naked to waist, seated l., holding Victory on r. hand and sceptre in l.; at his feet l., eagle looking back	BMC_V 117f. RIC 260b Hill 1473
118	Billon 24.00 5.27	12 h	An	Similar	PMTRPXVIII COSIIIIPP, Serapis wearing *polos* on head, dr., standing front, head l., raising r. hand and holding sceptre in l.	BMC_V 126–132 RIC 263 Hill 1467
				Issues of A.D. 216 (TR P XVIIII)		
119	Billon 18.3 3.05	12 h	D	ANTONINVSPIVS AVGGERM, head of Caracalla, laur., r.	PMTRPXVIIII COSIIIIP[P], Serapis, wearing *polos* on head, dr., standing front, head l., raising r. hand and holding sceptre in l.	BMC_V 133 RIC 280c Hill 1532

[116] Inv. no. A 2357. Archival records: Collection 1829, fol. 101, no. 19/80; IML 1168; KMR 1983. It has a natural green patina.

[117] Inv. no. A 2359. Archival records: unknown. The low weight of double denarii in this type is evidenced also by the BMC specimen (compare BMC_V, p. 117 – 4.10 g).

[118] Inv. no. A 2358. Archival records: KMR 1986.

[119] Inv. no. A 2369. Archival records: Collection 1829, fol. 101, no. 20/7; IML 1169; KMR 1989. It has a natural green patina.

Mint of Rome

Aes

BMC$_V$, pp. 474–493

No.	Metal Size Weight	Axis	Deno- mina- tion	Obverse	Reverse	Literature
				Issues of A.D. 214 (TR P XVII)		
120	AE 25.1 8.15	6 h	As	ANTONINVS PIVSAVGGERM, head of Caracalla, laur., r.	PMTR[PXVIIIMPIII COSIIIIPP], Mars in military dress and cloak, standing front, head l., r. foot set on helmet, holding branch in r. hand and spear in l.; in field to l. and r., S C	BMC$_V$ 268 RIC 532a Hill 1419
121	AE 25.8 10.35	6 h	As	Similar	PMTRPXVIIIMPIIIC OSIIIIPP, in ex. S C, Roma seated l. on cuirass and shields, holding Victory in r. hand and spear in l.; under seat, helmet; in front, kneeling Alemannian	BMC$_V$ 268A RIC 533 Hill 1421
				Issues of A.D. 215 (TR P XVIII)		
122	AE 28.1 19.65	1 h	S	[MAVRELANT]ON INVSPIVSAVGG [ERM], bust of Caracalla, dr., cuirassed, head laur., r.	[PMTRPXVIIII]MPIII COSIIIIPP, Aesculapius standing front, head l., holding r. hand on serpent-wreathed rod; at his feet to r., globe, to l., small figure of Telesphorus, dr., standing to r.; to r. and l., S C	BMC$_V$ 278–280 RIC 538a Hill 1449

120 Inv. no. A 2382. Archival records: Collection 1829, fol. 101, no. 19/62; IML 1175; KMR 1984.

121 Inv. no. A 2379. Archival records: Lubomirski Æ, 257; Collection 1829, fol. 100, no. 19/63; IML 1174; KMR 1985. Donated by Prince Henryk Lubomirski, 1828.

122 Inv. no. A 2380. Archival records: KMR 1988. Edge partly filed and cut.

No.	Metal Size Weight	Axis	Denomination	Obverse	Reverse	Literature
				Issues of A.D. 217 (TR P XX)		
123	AE 25.3 11.01	6 h	As	ANTONINVS PIVSAVGGERM, head of Caracalla, laur., r.	PMTRPXX COSIIIIPP, in ex. S C, Jupiter, naked to waist, seated l., holding Victory on r. hand and sceptre in l.; at feet, eagle looking back	BMC_V 307 RIC 568b Hill 1591

Julia Domna (A.D. 212–217)

Mint of Rome

Billon

BMC_V, pp. 430–436

No.	Metal Size Weight	Axis	Denomination	Obverse	Reverse	Literature
				Early group, issues of A.D. 211–215		
124	Billon 18.9 3.27	12 h	D	IVLIAPIA FELIXAVG, bust of Julia Domna, draped, r., hair waved and fastened in bun at back of head	DIANALVC I F E R A, Diana, dr., standing front, head l., holding lighted torch in both hands	BMC_V 1–4 RIC 373A Hill 1405
125	Billon 18.7 2.57	12 h	D	Similar, but IVLIAPIAFELIX AVG	V E S T A, Vesta, veiled, dr., standing front, head l., holding *palladium* in r. hand and sceptre in l.	BMC_V 29f. RIC 391 Hill 1447
126	Billon 18.8 3.14	1 h	D	Similar, but IVLIAP[IA] FELIXAVG	V E S T A, Vesta, veiled, dr., seated l., holding *simpulum* in r. hand and sceptre in l.	BMC_V 31f. RIC 391 Hill 1447

123 Inv. no. A 2381. Archival records: IML 1176; KMR 1990.

124 Inv. no. A 2339. Archival records: Lubomirski, 391; Collection 1829, fol. 100, no. 19/58; IML 1129; KMR 1947. Donated by Prince Henryk Lubomirski, 1828.

125 Inv. no. A 2342. Archival records: Krasicki, fol. 10, 404; Collection 1829, fol. 100, no. 19/54; IML 1146; KMR 1966. Donated by Count Ignacy Krasicki, 1829.

126 Inv. no. A 2341. Archival records: Lubomirski, 390; Collection 1829, fol. 100, no. 19/55; IML 1145; KMR 1965. Donated by Prince Henryk Lubomirski, 1828.

No.	Metal Size Weight	Axis	Deno- mina- tion	Obverse	Reverse	Literature
				Late group, issues of A.D. 215–217		
127	Billon 19.7 2.61	6 h	D	IVLIAPIAFELIX AVG, bust of Julia Domna, draped, r., hair waved and fastened in small queue low on neck	VENVSGENETRIX, Venus dr., seated l., extending r. hand and holding sceptre in l.	BMC_V 23B–26 RIC 388c Hill 1536

Mint of Rome
Aes

BMC_V, pp. 468–474

No.	Metal Size Weight	Axis	Deno- mina- tion	Obverse	Reverse	Literature
				Late group, issues of A.D. 215–217		
128	AE 26.2 10.94	12 h	As	IVLIAPIA FELIXAVG, bust of Julia Domna, draped, r., hair waved and fastened in small queue low on neck	V E N V S G E N E T R I X, in ex. S C, Venus, dr., seated l., holding patera in r. hand and sceptre in l.; in front of her, to l., child standing l.	BMC_V 229f. RIC 605A Hill 1593

127 Inv. no. A 2340. Archival records: Krasicki, fol. 9, 403; Collection 1829, fol. 100, no. 19/56; IML 1141; KMR 1963. Donated by Count Ignacy Krasicki, 1829.

128 Inv. no. A 2346. Archival records: Krasicki, fol. 9, 401; Collection 1829, fol. 100, no. 19/45; IML 1136; KMR 1961. Donated by Count Ignacy Krasicki, 1829.

III. THE REIGN OF MACRINUS AND THE RESTORATION OF THE SEVERAN DYNASTY

(A.D. 217–235)

Macrinus
(A.D. 217–218)

A.D. 218: joint reign with Diadumenian (May–June)

See: Chapter IV

Diadumenian as caesar
(A.D. 217–218)

See: Chapter IV

Mint of Rome

Aes

BMC_V, pp. 527–529

No.	Metal Size Weight	Axis	Deno- mina- tion	Obverse	Reverse	Literature
			Issues of A.D. 217–218 (April 217–May 218)			
129	Billon 26.3 11.31	11 h	As	MOPELANTONI NVSDIADVMENA NVSCAES, bust, dr., cuirassed, head bare, r.	PRINCIVVENTVTIS, Diadumenian, in military dress, standing front, head r., holding standard in r. hand and sceptre in l., to r., legionary eagle and standard	BMC_V 160 RIC 212

[129] Inv. no. A 4312. Archival records: Lubomirski Æ, 263; Collection 1829, fol. 102, no. 20/28; IML 1195; KMR 2029. Donated by Prince Henryk Lubomirski, 1828.

Elagabalus (A.D. 218–222)

Mint of Rome

Billon

BMC$_V$, pp. 530–535, 542–554, 556–572

No.	Metal Size Weight	Axis	Denomination	Obverse	Reverse	Literature
				Issues of A.D. 218–219 (IMP CAES M AVR ANTONINVS AVG)		
130	Billon 19.9 2.26	12 h	D	IMPCAESMAVR ANTONINVS[AVG], bust of Elagabalus, dr., cuirassed, head laur., r.	[F]IDE SEXE RCITVS, Fides, dr., seated l., holding eagle on r. hand and standard in l., in front of her, to l., standard	BMC$_V$ 15 RIC 71
				Issues of A.D. 219–220 (IMP ANTONINVS AVG)		
131	Billon 18.9 2.86	6 h	D	IMPANTONINVS AVG, bust of Elagabalus, dr., head laur., r.	FIDES M I LITVM, Fides, dr., standing front, head r., holding standard in r. hand and *vexillum* in l.	BMC$_V$ 133–137 RIC 73
				Issues of A.D. 220–222 (IMP ANTONINVS PIVS AVG)		
132	Billon 19.2 2.95	6 h	D	IMPANTONINVS PIVSAVG, bust of Elagabalus, dr., head laur., r.	F I D E S M I L I T V M, legionary eagle between two standards; shields at bases	BMC$_V$ 201–202 var. RIC 78
133	Billon 19.6 2.13	6 h	D	Similar, but IMPANTONINVS PIVSAVG	SACERDDEISOLISE LAGAB, Elagabalus, veiled, dr., standing front, head r., sacrificing out of patera in r. hand over lighted altar, and holding horn in l. hand; in field to r., star	BMC$_V$ 226 RIC 131

[130] Inv. no. A 2418. Archival records: Lubomirski, 411; Collection 1829, fol. 102, no. 20/33 (erroneously as "CONCORDIA EXERCITVS"); IML 1196; KMR 2033. Donated by Prince Henryk Lubomirski, 1828. Part of the coin is broken off.

[131] Inv. no. A 2408. Archival records: Lubomirski later, 74; Collection 1829, fol. 102, no. 20/34; IML 1197 or 1200; KMR 2034. Donated by Prince Henryk Lubomirski, 1828.

[132] Inv. no. A 4107. Archival records: unknown.

[133] Inv. no. A 2411. Archival records: IML 1205; KMR 2044. Coins in this type were struck in an eastern mint, too.

No.	Metal Size Weight	Axis	Deno-mina-tion	Obverse	Reverse	Literature
134	Billon 18.9 2.61	4 h	D	Similar, but IMPANTONINVS PIVSAVG	SVMMVSSACERDOS AVG, Elagabalus standing front, head l., sacrificing out of patera in r. hand over lighted altar, and holding branch in l. hand; in field to l., star	BMC_V 232f. RIC 146
135	Billon 18.5 2.68	12 h	D	Similar	V I C T O R I A A V G, Victory, dr., advancing l., holding open wreath in both hands; at feet to l. and r., small shields; in field to r., star	BMC_V 234f. RIC 161
136	Billon 19.4 3.03	11 h	D	Similar	Similar, but star to l.	BMC_V 237 RIC 161
137	Billon 19.1 2.01	12 h	D	Similar	Similar, but star to l.	BMC_V 237 RIC 161

Eastern mint

Billon

BMC_V, pp. 572–576, 578–581, 583–588

No.	Metal Size Weight	Axis	Deno-mina-tion	Obverse	Reverse	Literature
				Issues of A.D. 220–222 (IMP ANTONINVS PIVS AVG)		
138	Billon 18.8 3.26	12 h	D	IMPANTONINVS PIVSAVG, bust of Elagabalus, dr., head laur., r., with horn	LIBERT ASAVG, Libertas, dr., standing front, head l., holding *pileus* in r. hand and sceptre in l.; large star in field to r.	BMC_V 220 RIC 107

[134] Inv. no. A 2414. Archival records: KMR 2045.

[135] Inv. no. A 2415. Archival records: IML 1202; KMR 2046.

[136] Inv. no. A 2417. Archival records: Collection 1829, fol. 102, no. 20/31; IML 1203; KMR 2048.

[137] Inv. no. A 2416. Archival records: IML 1201; KMR 2047.

[138] Inv. no. A 2412. Archival records: Krasicki, fol. 10, 422; Collection 1829, fol. 102, no. 20/37; IML 1198; KMR 2040. Donated by Count Ignacy Krasicki, 1829. Clearly eastern style.

No.	Metal Size Weight	Axis	Deno- mina- tion	Obverse	Reverse	Literature
139	Billon 18.7 3.4	7 h	D	Similar	INVICTVSSACER DOSAVG, Elagabalus, dr., standing front, head l., sacrificing out of patera in r. hand over lighted altar and holding club in l.; behind altar, a bull lying down; in field to l., star	BMC_V 330 RIC 191

Mint of Rome

Aes

BMC_V, pp. 588–598, 601–603, 606–608, 610–613, 615

No.	Metal Size Weight	Axis	Deno- mina- tion	Obverse	Reverse	Literature
				Issues of A.D. 218–222 (IMP CAES M AVR ANTONINVS PIVS AVG)		
140	AE 25.2 10.89	10 h	As	IMPCAESMA[VR ANTONINVSP] IVSA[VG], bust of Elagabalus, dr., head laur., r.	P A X A V G V [S T I], Pax, dr., running l., holding olive branch in r. hand and sceptre in l.; in field to r. and l. S C	BMC_V 358 RIC 368

[139] Inv. no. A 2409. Archival records: KMR 2035.

[140] Inv. no. A 4359. Archival records: unknown.

Julia Maesa (A.D. 218–223)

Mint of Rome

Billon

BMC$_V$, pp. 539–542

No.	Metal Size Weight	Axis	Deno-mina-tion	Obverse	Reverse	Literature
141	Billon 20.8 2.93	6 h	D	I V L I A M A E S A A V G, bust of Julia Maesa, dr., head bare, r., hair waved and fastened in bun at back of head	F E C V N D I T A S A V G, Fecunditas, dr., standing front, head l., extending r. hand over a child, and holding cornucopiae in l. hand; child, dr., standing r., holding up r. hand	BMC$_V$ 61–65 RIC 249
142	Billon 20.4 3.52	6 h	D	Similar, but IVLIAMA E S A A V G	P V D I C I T I A, Pudicitia seated l., raising veil with r. hand and holding sceptre in l.	BMC$_V$ 76ff. RIC 268
143	Bilon 19.5 2.8	12 h	D	Similar, but I V L I A M A E S A A V G	Similar, but P V D I C I T I A	BMC$_V$, 76ff. RIC 268
144	Billon 19.7 2.63	6 h	D	Similar	SAECVLIFELICITAS, Felicitas, dr., standing front, head l., sacrificing from patera in r. hand over lighted altar and holding long caduceus in l.; in field, to r., star	BMC$_V$ 79–82 RIC 271
145	Billon 19.0 2.78	12 h	D	Similar	Similar	BMC$_V$ 79–82 RIC 271

[141] Inv. no. A 2425. Archival records: KMR 2058.

[142] Inv. no. A 2427. Archival records: Krasicki, fol. 10, 428–429; Collection 1829, fol. 102, no. 20/55–56; IML 1217; KMR 2061. Donated by Count Ignacy Krasicki, 1829. There were two denarii of this type in the L'viv collection.

[143] Inv. no. A 2506. Archival records: unknown. Reworked: sharp tool was used on the surface.

[144] Inv. no. A 2429. Archival records: Lubomirski, 415; Collection 1829, fol. 102, no. 20/51; IML 1219; KMR 2063. Donated by Prince Henryk Lubomirski, 1828. Coins in this type were struck in an eastern mint, too.

[145] Inv. no. A 2430. Archival records: Krasicki, fol. 10, 430; Collection 1829, fol. 102, no. 20/53; IML 1220; KMR 2064. Donated by Count Ignacy Krasicki, 1829. There were three denarii of this type in the L'viv collection, but one of them had a part broken off and was thus excluded from the L'viv collection.

Mint of Rome

Aes

BMC$_V$, pp. 598–601

No.	Metal Size Weight	Axis	Deno- mina- tion	Obverse	Reverse	Literature
146	Billon 30.1 17.61	1 h	S	I V L I A M A E S A A V G, bust of Julia Maesa, dr., wearing *stephane*, r., hair waved and fastened in bun at back of head	P V D I C I T [I] A, in ex. S C, Pudicitia, dr., veiled, seated l., raising veil with r. hand and holding sceptre in l.	BMC$_V$ 391–395 RIC 417

Julia Paula (A.D. 219–220)

Mint of Rome

Billon

BMC$_V$, pp. 554–555

No.	Metal Size Weight	Axis	Deno- mina- tion	Obverse	Reverse	Literature
147	Billon 19.3 2.79	5 h	D	I V L I A P A V LAAVG, bust of Julia Paula, dr., head bare, r., hair waved and fastened in queue at back	C O N C O R D I A, Concordia, dr., seated l., holding patera in r. hand; in field to l., star	BMC$_V$ 172–175 RIC 211

[146] Inv. no. A 2431. Archival records: Lubomirski Æ, 254; Collection 1829, fol. 102, no. 20/50; IML 1218; KMR 2062. Donated by Prince Henryk Lubomirski, 1828.

[147] Inv. no. A 2421. Archival records: Krasicki, fol. 10, 427; Collection 1829, fol. 102, no. 20/42–43; IML 1208; KMR 2050. Donated by Count Ignacy Krasicki, 1829. Coins in this type were struck in an eastern mint, too.

Aquilia Severa
(A.D. 220–221 and, after a break, A.D. 221–222)

Mint of Rome

Billon

BMC_V, pp. 558–559

No.	Metal Size Weight	Axis	Deno-mina-tion	Obverse	Reverse	Literature
148	Billon 19.9 2.35	6 h	D	[I]VLIAAQVILIAS EVERAA[V]G, bust of Aquilia Severa, dr., head bare, r., hair waved and fastened in queue at back	C O N C O R D I A, Concordia, dr., standing front, head l., holding patera in r. hand over lighted altar and cornucopiae in l., in field to l., star	BMC_V 185ff. RIC 225

Severus Alexander
(A.D. 222–235)

Mint of Rome

Billon

BMC_V, pp. 115–213

No.	Metal Size Weight	Axis	Deno-mina-tion	Obverse	Reverse	Literature
				Proclamation issue, April, A.D. 222		
149	Billon 20.6 2.7	12 h	D	IMPCMAVRSEVA LEXANDAVG, bust of Severus Alexander, cuirassed, head laur., r.	LIB ERALITAS AVG, Liberalitas standing front, head l., holding *abacus* in r. hand and cornucopiae in l.	BMC_{VI} 6 RIC 148

148 Inv. no. A 2432. Archival records: Krasicki, fol. 10, 425; Collection 1829, fol. 102, no. 20/46; IML 1211; KMR 2052. Donated by Count Ignacy Krasicki, 1829. Coins in this type were struck in an eastern mint, too. It was bent and perhaps also burnt.

149 Inv. no. A 2445. Archival records: Krasicki, fol. 10, 440; Collection 1829, fol. 103, no. 21/8; IML 1246; KMR 2081. Donated by Count Ignacy Krasicki, 1829.

No.	Metal Size Weight	Axis	Denomination	Obverse	Reverse	Literature
				Issue 2, late A.D. 222		
150	Billon 20.3 2.56	6 h	D	IMPCMAVRSEVA LEXANDAVG, bust of Severus Alexander, cuirassed, head laur., r.	MARTIPA CIFERO, Mars, in military dress, standing front, head l., holding branch in r. hand and spear in l.	BMC_{VI} 68–72 RIC 160
				Issue 3, A.D. 223		
151	Billon 19.1 2.6	7 h	D	IMPCMAVRSEVA LEXANDAVG, bust of Severus Alexander, cuirassed, head laur., r.	PAXAE T ERNAAVG, Pax, dr., standing front, head l., holding branch in r. hand and sceptre in l.	BMC_{VI} 129–135 RIC 165
				Issue 4, A.D. 224		
152	Billon 19.4 3.1	11 h	D	IMPCMAVRSEVA LEXANDAVG, bust of Severus Alexander, cuirassed, head laur., r.	PMTRP III COSPP, Mars standing front, head l., holding branch in r. hand and spear in l.	BMC_{VI} 163f. RIC 35
153	Billon 19.7 2.8	6 h	D	Similar	P M T R P I I I C O S P P, Salus, dr., seated l., holding patera in r. hand and feeding out of it snake coiling up from altar	BMC_{VI} 176 RIC 42
				Issue 5, A.D. 225		
154	Billon 20.4 2.43	11 h	D	IMPCMAVRSEV ALEXA NDAVG, bust of Severus Alexander, head laur., r.	FIDES M I LITVM, Fides, dr., standing front, head l., holding standard in each hand	BMC_{VI} 220–226 RIC 139
155	Billon Pierced 19.4 2.53	11 h	D	Similar, but IMPCMAVRSEV ALE[X]ANDAVG	Similar, but FIDES [M] I LITVM	BMC_{VI} 220–226 RIC 139A

[150] Inv. no. A 2439. Archival records: IML 1247; KMR 2089.

[151] Inv. no. A 2440. Archival records: Lubomirski, 426; Collection 1829, fol. 104, no. 21/18; KMR 2091. Donated by Prince Henryk Lubomirski, 1828.

[152] Inv. no. A 6013. Acquired in 2006 at the 35th Auction of the Warsaw Numismatic Centre.

[153] Inv. no. A 6024. Acquired in 2007.

[154] Inv. no. A 2436. Archival records: Collection 1829, fol. 103, no. 20/77–79; KMR 2074.

[155] Inv. no. A 2438. Archival records: Collection 1829, fol. 103, no. 20/77–79; KMR 2075. Filed around the piercing on the reverse.

No.	Metal Size Weight	Axis	Deno- mina- tion	Obverse	Reverse	Literature
156	Billon 18.0 3.21	4 h	D	Similar, but IMPCMAVRSEV ALEXANDAVG	Similar, but FIDES M ILITV[M]	BMC_{VI} 220–226 RIC 139
157	Billon 19.8 3.16	6 h	D	Similar	Similar, but FIDES M I LITVM	BMC_{VI} 220–226 RIC 139
158	Billon 19.0 2.28	8 h	D	Similar	PMTRPIIII COSPP, Severus Alexander, laur., in military dress and cloak, standing front, head l., holding globe in r. hand and spear in l.	BMC_{VI} 253f. RIC 49
159	Billon 19.5 2.86	12 h	D	Similar, but IMPCMAVRSEVAL EXANDER[AVG]	V I R T VS A[VG], Virtus in military dress, standing front, head r., holding spear in r. hand and resting l. hand on two oval shields set on ground	BMC_{VI} 278–282 RIC 182
				Issue 6, A.D. 226		
160	Billon 18.3 2.14	6 h	D	[IMP]CMAVRSE VALEXANDAVG, bust of Severus Alexander, head laur., r.	A E Q V I T A S A V [G], Aequitas, dr., standing front, head l., holding scales in r. hand and cornucopiae in l.	BMC_{VI} 329–331 RIC 127
161	Billon 19.1 2.81	12 h	D	Similar, but IMPCMAVRSEV ALEXANDAVG	Similar, but A E Q V I T A S A V G	BMC_{VI} 329–331 RIC 127
162	Billon 18.6 1.72	12 h	D	Similar, but IMPCMAVRSEV [ALEXANDAVG]	A NNO N AAV G, Annona, dr., standing front, head l., holding corn-ears in r. hand and cornucopiae in l.; at feet, to l., modius and corn-ears	BMC_{VI} 341–344 RIC 133

[156] Inv. no. A 2457. Archival records: Collection 1829, fol. 103, no. 20/77–79; KMR 2076.

[157] Inv. no. A 2437. Archival records: KMR 2073. Unusual style and lettering, but otherwise the coin seems to be genuine.

[158] Inv. no. A 2448. Archival records: Collection 1829, fol. 103, no. 21/3; KMR 2096. The reverse appears to have been struck with a damaged die.

[159] Inv. no. A 2498. Archival records: Collection 1829, fol. 103, no. 21/1; IML 1261; KMR 2136.

[160] Inv. no. A 2433. Archival records: IML 1224; KMR 2067.

[161] Inv. no. A 2444. Archival records: IML 1235; KMR 2066.

[162] Inv. no. A 2434. Archival records: KMR 2068.

No.	Metal Size Weight	Axis	Deno- mina- tion	Obverse	Reverse	Literature
163	Billon 19.8 2.33	6 h	D	Similar, but IMPCMAVRSEV ALEXANDAVG	P M TR P V C O S I I P P, Severus Alexander, laur., togate, standing front, head l., sacrificing out of patera in r. hand over lighted tripod and holding scroll in l.	BMC_{VI} 373–376 RIC 55

Issue 7, A.D. 227

No.	Metal Size Weight	Axis	Deno- mina- tion	Obverse	Reverse	Literature
164	Billon 19.9 2.62	6 h	D	IMPCMAVRSEV ALEXANDAVG, bust of Severus Alexander, head laur., r.	P MTRPVI COSIIPP, Aequitas, dr., standing front, head l., holding scales in r. hand and cornucopiae in l.	BMC_{VI} 394–398 RIC 64
165	Billon Pierced 19.5 2.63		D	Similar	Similar, but P MTRPVI CO[S]IIPP	BMC_{VI} 394–398 RIC 64

Issue 9, A.D. 228

No.	Metal Size Weight	Axis	Deno- mina- tion	Obverse	Reverse	Literature
166	Billon 19.9 2.88	12 h	D	IMPSEVALE XANDAVG, head of Severus Alexander, laur., r.	V I R T V S A V G, Severus Alexander as Romulus, bareheaded, in military dress, advancing r., holding spear in r. hand and trophy over shoulder in l.	BMC_{VI} 522f. RIC 224
167	Billon 19.3 2.93	12 h	D	Similar	Similar, but V I R T V S A V G	BMC_{VI} 522f. RIC 225

Issue 10, A.D. 229

No.	Metal Size Weight	Axis	Deno- mina- tion	Obverse	Reverse	Literature
168	Billon 19.5 2.07	7 h	D	IMPSEVALE XANDAVG, head of Severus Alexander, laur., r.	ABVNDAN T I A A V G, Abundantia, dr., standing front, head r., emptying cornucopiae held in both hands	BMC_{VI} 591–594 RIC 184

[163] Inv. no. A 2447. Archival records: KMR 2099.

[164] Inv. no. A 2446. Archival records: Lubomirski, 417; Collection 1829, fol. 103, no. 21/6; IML 2373; KMR 2102. Donated by Prince Henryk Lubomirski, 1828.

[165] Inv. no. A 2502. Archival records: Krasicki, fol. 10, 439; Collection 1829, fol. 103, no. 21/7. Donated by Count Ignacy Krasicki, 1829.

[166] Inv. no. A 2500. Archival records: KMR 2138.

[167] Inv. no. A 2499. Archival records: KMR 2137.

[168] Inv. no. A 2443. Archival records: KMR 2065.

No.	Metal Size Weight	Axis	Denomination	Obverse	Reverse	Literature
				Issue 11, A.D. 230		
169	Billon 17.9 2.65	12 h	D	Similar, but IMPSEVALE [XA]NDAVG	PMTRPV IIII COSIIIPP, Sol, radiate, naked but for cloak over shoulder, standing r., head turned back l., raising r. hand and holding globe in l.	BMC_{VI} 630–633 RIC 102
170	Billon 19.8 2.73	11 h	D	Similar, but IMPSEVALE XANDAVG	V I C T O R I A A V G V S T A, Victory, dr., standing r., l. foot on helmet, holding shield on knee and inscribing on it VOT X	BMC_{VI} 641 RIC 219
				Issue 15, A.D. 232		
171	Billon 19.9 2.07	1 h	D	[IM]PALEXANDER PIVSAVG, bust of Severus Alexander, dr., cuirassed, head laur., r.	IOVIPRO P V GNATORI, Jupiter, naked except for cloak, standing front, head turned back r., holding thunderbolt in r. hand and eagle in l.	BMC_{VI}, 824f. RIC 239
172	Billon 20.2 3.36	6 h	D	IMPALEXAN DERPIVSAVG, bust of Severus Alexander, cuirassed, head laur., r.	M A R S V L T O R, Mars in military dress, walking r., holding spear in r. hand and shield in l.	BMC_{VI} 831–836 RIC 246
173	Billon 21.3 3.08	6 h	D	Similar	S P E S P V B L I C A, Spes, dr., advancing l., holding flower in r. hand and raising skirt with l.	BMC_{VI} 897–900 RIC 254

[169] Inv. no. A 2455. Archival records: KMR 2109.

[170] Inv. no. A 2504. Archival records: Lubomirski, 424–425; Collection 1829, fol. 103, no. 21/16–17; IML 1257; KMR 2131. Donated by Prince Henryk Lubomirski, 1828.

[171] Inv. no. A 2453. Archival records: KMR 2077. Heavily retouched obverse, but the coin itself is possibly original.

[172] Inv. no. A 2452. Archival records: KMR 2083.

[173] Inv. no. A 2497. Archival records: Lubomirski, 418; Collection 1829, fol. 103, no. 20/80; IML 1255; KMR 2126. Donated by Prince Henryk Lubomirski, 1828.

No.	Metal Size Weight	Axis	Deno- mina- tion	Obverse	Reverse	Literature
174	Billon 21.4 2.49	1 h	D	Similar, but IMPALEXANDER- [PIVS A]VG	Similar, but S P [E] S P V B L I C A	BMC_{VI} 897–900 RIC 254

Eastern mint

Billon

BMC_{V}, pp. 211–221

No.	Metal Size Weight	Axis	Deno- mina- tion	Obverse	Reverse	Literature
				Issue 1, A.D. 222		
175	Billon 20.5 3.37	6 h	D	IMPCMAVRSEVA LEXANDERAVG, bust of Severus Alexander, dr., head laur., r.	V I C T O R I A A V G, Victory, dr., advancing r., holding palm in r. hand and wreath in l.	BMC_{VI} 1020 RIC 302

Mint of Rome

Aes

BMC_{V}, pp. 115–213

No.	Metal Size Weight	Axis	Deno- mina- tion	Obverse	Reverse	Literature
				Issue 4, A.D. 224		
176	AE 28.1 10.51	1 h	Dp	[IMPCAESM] AVRSEV ALEXAN DERAVG, bust of Severus Alexander, dr., head radiate, r.	PONTIFMAXTR P IIICOSPP, Severus Alexander, laur., in military dress and cloak, standing front, head l., holding globe in r. hand and spear in l.; in field to l. and r., S C	BMC_{VI} 186 RIC 420

[174] Inv. no. A 6026. Acquired in 2007.

[175] Inv. no. A 2501. Archival records: Lubomirski, 423; Collection 1829, fol. 103, no. 21/14; IML 1259; KMR 2129. Coins of this type were struck in Rome, too. It has a natural green patina.

[176] Inv. no. A 2496. Archival records: unknown.

No.	Metal Size Weight	Axis	Denomination	Obverse	Reverse	Literature
				Issue 5, A.D. 225		
177	AE 31.7 18.96	1 h	S	IMPCAES[M]AVRS EVALEXANDER AVG, bust of Severus Alexander, dr., head laur., r.	I O V I V L T O R I, Jupiter, naked to waist, seated l., holding Victory on r. hand and spear in l.; in field to l. and r., S C	BMC_{VI} 239f. RIC 560
178	AE 31.2 25.11	12 h	S	Similar, but IMPCAESMAVRSE VALEXANDER AVG	[P]ONTIFMAXTRP IIIICOSPP, Severus Alexander, laur., in military dress and cloak, standing front, head l., holding globe in r. hand and spear in l.; in field to l. and r., S C	BMC_{VI} 255 RIC 439
				Special issue of A.D. 226 ('The Consulship')		
179	AE 29.8 15.61	12 h	S	IMPCAESMAVR SEV ALEXANDER AVG, bust of Severus Alexander, dr., head laur., r.	L [I B E R]T A S A V G V S T I, Libertas, dr., standing front, head l., holding *pileus* in r. hand and cornucopiae in l.; in field to l. and r., S C	BMC_{VI} 316f. RIC 583
				Issue 6, A.D. 226		
180	AE 30.9 18.26	12 h	S	IMPCAESMAVR SEVALEXANDER AVG, bust of Severus Alexander, dr., cuirassed, head laur., r.	P M T R P V C O S IIP P, Mars, naked but for cloak, advancing r., holding spear in r. hand and trophy in l.; in field to l. and r., S C	BMC_{VI} 357ff. RIC 440

[177] Inv. no. A 2463. Archival records: Lubomirski Æ, 270; Collection 1829, fol. 103, no. 20/73; IML 1245; KMR 2079. Donated by Prince Henryk Lubomirski, 1828.

[178] Inv. no. A 2483. Archival records: KMR 2117.

[179] Inv. no. A 2464. Archival records: IML 1253; KMR 2082.

[180] Inv. no. A 2471. Archival records: Krasicki, fol. 10, 433 (erroneously P M TR P COS II P P); Collection 1829, fol. 103, no. 20/58; KMR 2097. Donated by Count Ignacy Krasicki, 1829.

No.	Metal Size Weight	Axis	Deno-mina-tion	Obverse	Reverse	Literature
181	AE 25.0 12.88	1 h	Dp	Similar	Similar, but [P M T R P] V COS II P P	BMC_{VI} 360* RIC 441
182	AE 31.7 20.32	12 h	S	Similar, but IMPCAESMAVR SEV ALEXANDER AVG	P A X AVGVSTI, Pax, dr., running l., holding branch in r. hand and sceptre in l.; in field to l. and r., S C	BMC_{VI} 368ff. RIC 592
183	AE 31.9 21.61	1 h	S	Similar, but IMPCAESMAVR SEVALEXAN DERAVG	PMTRPVCOSIIPP, Severus Alexander, laur., togate, standing front, head l.; sacrificing out of patera in r. hand over lighted tripod and holding scroll in l.	BMC_{VI} 377f. RIC 446
				Issue 7, A.D. 227		
184	AE 31.1 19.43	12 h	S	IMPCAESMAVR SEVALEXANDER AVG, bust of Severus Alexander, dr., head laur., r.	PMTRPVI COS IIPP, Aequitas, dr., standing front, head l., holding scales in r. hand and cornucopiae in l.; in field to l. and r., S C	BMC_{VI} 399f. RIC 459
185	AE 30.4 19.15		S	Similar	Similar	BMC_{VI} 399f. RIC 459
186	AE 26.1 10.21	12 h	As	IMPCAESMAVR SEV ALEXANDER AVG, bust of Severus Alexander, dr., cuirassed, head laur., r.	PMTRPVI COSIIPP, Annona, dr., standing front, head l., holding corn-ears over modius in r. hand and cornucopiae in l.; in field to l. and r., S C	BMC_{VI} 406 RIC 464

181 Inv. no. A 2472. Archival records: IML 1225; KMR 2098.

182 Inv. no. A 2470. Archival records: KMR 2092.

183 Inv. no. A 2473. Archival records: KMR 2100.

184 Inv. no. A 5849. Archival records: KMR 2103. Possibly a double strike on the reverse side. I would like to thank Markus Peter for consulting on this coin.

185 Inv. no. A 5850. Archival records: unknown.

186 Inv. no. A 2476. Archival records: Lubomirski Æ, 267; Collection 1829, fol. 103, no. 20/59; IML 1237; KMR 2104. Donated by Prince Henryk Lubomirski, 1828.

No.	Metal Size Weight	Axis	Deno-mina-tion	Obverse	Reverse	Literature
187	AE 30.3 18.09	12 h	S	Similar	[PMTRP] V I C O S I I P P, Pax, dr., running l., holding branch in r. hand and sceptre in l.; in field to l. and r., S C	BMC_{VI} 425f. RIC 465
				Issue 8, A.D. 228		
188	AE 26.4 10.21	12 h	As	IMPCAESMAVR SEVALEXANDER AVG, bust of Severus Alexander, dr., head laur., r.	PMTRPVII C O S I I P P, Mars, naked but for cloak, advancing r., holding spear in r. hand and trophy in l.; in field to l. and r., S C	BMC_{VI} 457* RIC 473
189	AE 29.4 17.8	12 h	S	Similar, but IMPCAESMAVR SEV ALEXANDER AVG	Similar, but P M T R P V I I C O S [I I] P P	BMC_{VI} 457* RIC 473
				Issue 9, A.D. 228		
190	AE 29.3 20.54	12 h	S	IMPSEVALE XANDERAVG, bust of Severus Alexander, dr., head laur., r.	V I R T V S AV G V S T I, Severus Alexander as Romulus advancing r., in military dress, holding spear in r. hand and trophy in l.; in field to r. and l., S C	BMC_{VI} 482 RIC 625
191	AE 33.3 26.74	1 h	S	IMPSEVALE XANDERAVG, bust of Severus Alexander, dr., head laur., r.	ROMAEAE TERNAE, in ex. S C, Roma, dr., seated l., holding Victory in r. hand and sceptre in l.; round shield in front of the seat	BMC_{VI} 517f. RIC 602

[187] Inv. no. A 2475. Archival records: KMR 2105.

[188] Inv. no. A 2477. Archival records: Lubomirski Æ, 268; Collection 1829, fol. 103, no. 20/60; IML 1227; KMR 2106. Donated by Prince Henryk Lubomirski, 1828.

[189] Inv. no. A 2474. Archival records: KMR 2101.

[190] Inv. no. A 2495. Archival records: KMR 2139.

[191] Inv. no. A 2490. Archival records: Lubomirski Æ, 271; Collection 1829, fol. 103, no. 20/74; IML 1254; KMR 2125. Donated by Prince Henryk Lubomirski, 1828.

No.	Metal Size Weight	Axis	Deno-mina-tion	Obverse	Reverse	Literature
				Special Issue, A.D. 229 ('The Consulship')		
192	AE Pierced 23.9 9.71	12 h	As	IMPSEVALE XANDERAVG head of Severus Alexander, laur., r.	PMTRPVIII[CO]SIIIP P; in ex. S C, Severus Alexander, laur. and togate, standing in decorated quadriga r., holding reins and eagle--tipped sceptre in l. hand and extending r. hand	BMC_{VI} 581 RIC 498
193	AE 29.4 17.26	11 h	S	IMPSEVALE XANDERAVG, head of Severus Alexander, laur., r.	IVSTITIA AVGVSTI; in ex. S C, Justitia, dr., seated l. on throne, holding patera in r. hand and sceptre in l.	BMC_{VI}, p. 175, 612 RIC 563
				Issue 11, A.D. 230		
194	AE 31.0 19.26	12 h	S	IMPCAESMAVR SEVALE XAN DERAVG, bust of Severus Alexander, dr., head laur., r.	PMTRPV IIII C O S I I I P P, Sol radiate, naked but for cloak, standing front, head l., raising r. hand and holding whip in l.; in field to l. and r., S C	BMC_{VI} 625f. RIC 500
195	AE 31.4 19.8	12 h	S	Similar	P M T R P V I I I I C O S IIIPP, Sol radiate, naked but for cloak, standing front, head l., raising r. hand and holding globe in l.; in field to l. and r., S C	BMC_{VI} 634ff. RIC 503

[192] Inv. no. A 3932. Archival records: Collection 1829, fol. 103, no. 20/61; IML 1228; KMR 2108.

[193] Inv. no. A 2461. Archival records: Krasicki, fol. 10, 436; Collection 1829, fol. 103, no. 20/68; IML 1250; KMR 2080. Donated by Count Ignacy Krasicki, 1829. There is thick layer of artificial patina on the coin and, perhaps other substances. There are traces of tooling. Possibly original, but substantially altered (before 1828).

[194] Inv. no. A 2478. Archival records: Krasicki, fol. 10, 434; Collection 1829, fol. 103, no. 20/64–65; IML 1229–1230; KMR 2110. Donated by Count Ignacy Krasicki, 1829.

[195] Inv. no. A 2479. Archival records: Lubomirski Æ, 274; Collection 1829, fol. 103, no. 20/64–65; IML 1229–1230; KMR 2111. Donated by Prince Henryk Lubomirski, 1828.

No.	Metal Size Weight	Axis	Deno- mina- tion	Obverse	Reverse	Literature
196	AE 28.7 15.85	12 h	S	IMPSEVALE XANDERAVG, bust of Alexander Severus, dr., head laur., r.	VICTORIA AVGVSTI, Victory, dr., standing r., foot on helmet, inscribing [VOT X] on shield set on palm tree; in field to r. and l., S C	BMC_{VI} 642–645 RIC 616
197	AE 30.0 18.53	12 h	S	[IM]PSEVALE XANDERAVG, bust of Severus Alexander, dr., head laur., r.	Similar, but VICTORIAAVGVSTI and VOT X	BMC_{VI} 642–645 RIC 616
				Issue 12, A.D. 231		
198	AE 30.1 16.96	12 h	S	IMPSEVALE XANDERAVG, bust of Alexander Severus, dr., head laur., r.	ANNONA AVGVSTI, Annona, dr., standing front, head l., holding corn-ears in r. hand and anchor in l.; in field, to r. and l., S C	BMC_{VI} 678f. RIC 549
199	AE 31.7 26.01	1 h	S	Similar	Similar, but ANNONAAVGVSTI	BMC_{VI} 678f. RIC 549
200	AE 31.7 26.01	12 h	S	Similar	Similar, but ANNONA AVGVSTI	BMC_{VI}, 678f. RIC 549
201	AE 30.1 22.88	12 h	S	Similar, but IMPSEVALE XANDER AVG	V I C T O R I A A V G V S T I, Victory, dr., standing front, head l., holding wreath in r. hand and palm-branch in l.; in field to l. and r., S C	BMC_{VI} 703f. RIC 618
202	AE 27.2 10.11	12 h	As	Similar, but IMP[SEV]ALE XAND[ERAV]G	Similar, but VICTORI A AVGVSTI	BMC_{VI} 705–708 RIC 619

[196] Inv. no. A 2493. Archival records: KMR 2134. The edge of the coin was treated with a file and perhaps also with a hammer.

[197] Inv. no. A 6238. Acquired in 2009 from Salon Antykwaryczny NAUTILUS.

[198] Inv. no. A 2459. Archival records: IML 1239–1241; KMR 2071. There is thick natural patina on the coin.

[199] Inv. no. A 2460. Archival records: IML 1239–1241; KMR 2072.

[200] Inv. no. A 2458. Archival records: IML 1239–1241; KMR 2070. Tooled.

[201] Inv. no. A 5827. Acquired in 1988 from Ludwik Kunda from Pasiecznik in the former Jelenia Góra voivodship.

[202] Inv. no. A 2494. Archival records: KMR 2135.

No.	Metal Size Weight	Axis	Deno- mina- tion	Obverse	Reverse	Literature
Issue 14, A.D. 231						
203	AE 30.8 19.22	12 h	S	IMPALEXAN DERPIVSAVG, bust of Severus Alexander, dr., cuirassed, head laur., r.	IOVIPRO P [VGNA] TORI, Jupiter naked but for cloak, standing front, head turned r., holding thunderbolt in upraised r. hand; in field to r.; and l., S C	BMC_{VI} 794 RIC 628
204	AE 29.7 20.87	12 h	S	IMPALEXAN [DERPIV]SAVG, bust of Severus Alexander, dr., cuirassed, head laur., r.	P R O V I D E N T I A A V G, Providentia, dr., standing front, head l., holding corn-ears in r.; in field to r. and l., S C	BMC_{VI} 815 RIC 645
Issue 15, A.D. 232						
205	AE 29.1 22.06	12 h	S	[IM]PALEXANDER PIVSAVG, bust of Severus Alexander, dr., cuirassed, head laur., r.	M A R S V L [T O R], Mars, in military dress, running r., holding spear in r. hand and shield in l., in field to l. and r., S C	BMC_{VI} 840–843 RIC 635
206	AE 29.2 20.71	12 h	S	Similar, but IMPALEXANDER PIVSAVG	Similar, but M A R S V L T O R,	BMC_{VI} 840–843 RIC 635d
207	AE 30.3 19.1	12 h	S	Similar	Similar	BMC_{VI} 846–848 RIC 635d
208	AE 28.3 17.59	1 h	S	Similar	Similar, but M A R S V L T O R	BMC_{VI} 840–843 RIC 635d

[203] Inv. no. A 2462. Archival records: IML 1244; KMR 2078.
[204] Inv. no. A 2489. Archival records: KMR 2124.
[205] Inv. no. A 2466. Archival records: IML 1248; KMR 2085.
[206] Inv. no. A 2465. Archival records: KMR 2084.
[207] Inv. no. A 2467. Archival records: KMR 2086.
[208] Inv. no. A 2468. Archival records: KMR 2087.

No.	Metal Size Weight	Axis	Deno-mina-tion	Obverse	Reverse	Literature
209	AE 28.4 17.79	12 h	S	Similar	Similar, but M A R S V L T O R	BMC_{VI} 840–843 RIC 635d
210	AE 32.4 22.94	12 h	S	IMPALEXANDER PIVSAVG, bust of Severus Alexander, dr., head laur., r.	P R O V I D E N T I A A V G, Providentia, dr., standing front, head l., holding corn-ears in r. hand over modius and cornucopiae in l.; in field to l. and r., S C	BMC_{VI} 881–889 RIC 642
211	AE 28.5 15.02	12 h	S	Similar	Similar	BMC_{VI} 881–889 RIC 642
212	AE 31.6 15.73	12 h	S	Similar	Similar	BMC_{VI} 881–889 RIC 642
213	AE 25.4 12.37	1 h	Dp	IMPALEXANDER PIVSAVG, bust of Severus Alexander, dr., head radiate., r.	Similar, but P R O V I D E N T I A A V G	BMC_{VI} 890 RIC 643
214	AE 25.7 12.46	12 h	Dp	Similar	Similar, but P R O V I D E N [T I] A A V G	BMC_{VI} 890 RIC 643
215	AE 29.4 18.7	12 h	S	IMPALEXAN DERPIVSAVG, bust of Severus Alexander, dr., cuirassed, head laur., r.	S P E S P V B L I C A, Spes, dr., advancing l., holding flower in r. hand and raising skirt with l.; in field to l. and r., S C	BMC_{VI} 906ff. RIC 648
216	AE 31.6 20.48	2 h	S	IMPALEXANDER PIVSAVG, bust of Severus Alexander, dr., head laur., r.	Similar, but S P E S P V B L I C A	BMC_{VI} 902–905 RIC 648

[209] Inv. no. A 2469. Archival records: KMR 2088.

[210] Inv. no. A 2484. Archival records: KMR 2119.

[211] Inv. no. A 2488. Archival records: KMR 2121.

[212] Inv. no. A 2485. Archival records: KMR 2120. Perhaps ancient, but badly damaged and reworked. The reverse damaged in the central part.

[213] Inv. no. A 2486. Archival records: KMR 2122.

[214] Inv. no. A 2487. Archival records: Collection 1829, fol. 103, no. 20/69 or 70; IML 1226; KMR 2123.

[215] Inv. no. A 5828. Archival records: Acquired in 1988 from Ludwik Kunda from Pasiecznik in the former Jelenia Góra voivodship.

[216] Inv. no. A 2491. Archival records: IML 1256; KMR 2127.

No.	Metal Size Weight	Axis	Denomination	Obverse	Reverse	Literature
217	AE 24.7 11.86	12 h	As	IMPALEXANDER PIVSAVG, bust of Severus Alexander, dr., head laur., r.	Similar, but S P E S P V B L I C A	BMC_{VI} 910 RIC 650
				Issue 16, A.D. 233		
218	AE 29.8 20.08	12 h	S	IMPALEXANDER PIVSAVG, bust of Severus Alexander, dr., head laur., r.	P M T R P X I I C O S I I I P P, Sol, naked but for cloak, advancing l., raising r. hand and holding whip in l. hand; in field, to l. and r., S C	BMC_{VI} 932–937 RIC 535
				Issue 17, A.D. 234		
219	AE 30.9 22.1	1 h	S	IMPALEXANDER PIVSAVG, bust of Severus Alexander, dr., head laur., r.	P M T R P X IIICOS III[P P], Sol walking l., raising r. hand and holding whip in l.; in field to r. and l., S C	BMC_{VI} 953–958 RIC 538
				Issue 18, A.D. 235		
220	AE 29.8 14.18	7 h	S	[IMP]ALEXANDER PIVSAVG, bust of Severus Alexander, dr., head laur., r.	[P M] T R P X IIIICO SIII P P, Sol, naked but for cloak, advancing l., raising r. hand and holding whip in l. hand; in field to l. and r., S C	BMC_{VI} 964 RIC 541

[217] Inv. no. A 2492. Archival records: Lubomirski Æ, 275; Collection 1829, fol. 103, no. 20/62; KMR 2128. Donated by Prince Henryk Lubomirski, 1828.

[218] Inv. no. A 2480. Archival records: Lubomirski Æ, 279; Collection 1829, fol. 103, no. 20/75; IML 1230; KMR 2112. Donated by Prince Henryk Lubomirski, 1828.

[219] Inv. no. A 2481. Archival records: Krasicki, fol. 10, 435; Collection 1829, fol. 103, no. 20/76; KMR 2115. Donated by Count Ignacy Krasicki, 1829.

[220] Inv. no. A 2482. Archival records: IML 1236; KMR 2116.

Julia Mamaea (A.D. 222–235)

Mint of Rome

Billon

BMC$_{V}$, pp. 115–213

No.	Metal Size Weight	Axis	Denomination	Obverse	Reverse	Literature
				Issue 1, A.D. 222		
221	Billon 18.8 2.87	12 h	D	IVLIAMAMA E A A V G, bust of Julia Mamaea, dr., head bare, r., hair waved and fastened in queue at back of head	IVNOCONSE R VATRIX, Juno, dr., veiled, standing front, head l., holding patera in r. hand and sceptre in l.; at feet, to l., peacock standing front, head turned back	BMC$_{VI}$ 43–48 RIC 343
222	Billon 19.3 2.45	12 h	D	Similar, but I V L I A M A M A E A A V G	Similar, but IVNOCONS E R VATRIX	BMC$_{VI}$ 43–48 RIC 343
				Issue 7, A.D. 227		
223	Billon 19.6 3.46	12 h	D	IVLIAMA MAEAAVG, bust of Julia Mamaea, dr., head bare, r., wearing *stephane*; hair waved and fastened in queue at back of head	V E S T A, Vesta, veiled, dr., standing front, head l., holding patera in r. hand and sceptre in l.	BMC$_{VI}$ 442 RIC 362
224	Billon 19.3 1.83	1 h	D	Similar, but IVLIAMA [MAEAAV]G	Similar, but [V E S] T A	BMC$_{VI}$ 442 RIC 362

221 Inv. no. A 2508. Archival records: Lubomirski, 430–431; Collection 1829, fol. 104, no. 21/34–35; KMR 2149. Donated by Prince Henryk Lubomirski, 1828.

222 Inv. no. A 2510. Archival records: Lubomirski, 430–431; Collection 1829, fol. 104, no. 21/34–35; KMR 2150. Donated by Prince Henryk Lubomirski, 1828.

223 Inv. no. A 2511. Archival records: Lubomirski, 432; Collection 1829, fol. 104, no. 21/31; KMR 2159. Donated by Prince Henryk Lubomirski, 1828.

224 Inv. no. A 2512. Archival records: Krasicki, fol. 10, 432; Collection 1829, fol. 104, no. 21/32; KMR 2160. Donated by Count Ignacy Krasicki, 1829. Broken off in two places.

No.	Metal Size Weight	Axis	Deno-mina-tion	Obverse	Reverse	Literature
				Issue 9, A.D. 228		
225	Billon 21.1 2.13	1 h	D	IVLIAMA MAEAAVG, bust of Julia Mamaea, dr., head bare, r., wearing *stephane*; hair waved and fastened in queue at back of head	FELICI TAS PVBLICA, Felicitas, dr., standing front, head l., holding caduceus in r. hand and resting l. arm on column	BMC_{VI} 483 RIC 335
				Issue 12, A.D. 231		
226	Billon 19.7 3.52	12 h	D	Similar, but IVLIAMA MAEAAVG	V E N V S VI C T R I X, Venus, dr., standing front, head l., holding helmet in r. hand and sceptre in l.; at feet, to l., a shield	BMC_{VI} 713–717 RIC 358

Mint of Rome
Aes

BMC_{V}, pp. 115–213

No.	Metal Size Weight	Axis	Deno-mina-tion	Obverse	Reverse	Literature
				Issue 3, A.D. 223		
227	AE 31.2 23.58	1 h	S	IVLIAMAMAEA AVGVSTA,bust of Julia Mamaea, dr., head bare, r., wearing *stephane*; hair waved and fastened in queue at back of head	V E N V S G E N E T R I X, Venus, dr., standing front, head l., holding apple in r. hand and sceptre in l.; at feet, to l., Cupid standing r., stretching up both hands; in field to r. and l., S C	BMC_{VI} 154 RIC 704

225 Inv. no. A 2509. Lubomirski, 434; Collection 1829, fol. 104, no. 21/30; Archival records: KMR 2142. Donated by Prince Henryk Lubomirski, 1828.

226 Inv. no. A 6014. Acquired in 2006 at the 35th auction of the Warsaw Numismatic Centre.

227 Inv. no. A 2522. Archival records: KMR 2154.

No.	Metal Size Weight	Axis	Deno-mina-tion	Obverse	Reverse	Literature
				Issue 4, A.D. 224		
228	AE 31.9 19.6	12 h	S	IVLIAMAMA EAAVGVSTA, bust of Julia Mamaea, dr., head bare, r., wearing *stephane*; hair waved and fastened in queue at back of head	V E N E R I F E L I C I, Venus, dr., standing front, head r., holding sceptre in r. hand and Cupid on l. who holds out both hands; in field to r. and l., S C	BMC_{VI} 191 RIC 694
229	AE 30.2 19.42	12 h	S	Similar	V E N V S F E L I X, Venus, dr., seated l., holding naked Cupid in r. hand and sceptre in l.; in field to r. and l., S C	BMC_{VI} 199f. RIC 701
230	AE 28.3 16.69	12 h	S	Similar, but IVLIAMA[MA EA]AVGVSTA	Similar, but V E N V S F [E L I X]	BMC_{VI} 199f. RIC 701
				Issue 6, A.D. 226		
231	AE 25.3 12.4	12 h	As	IVLIAMAMAEA AVGVSTA, bust of Julia Mamaea, dr., head bare, r., wearing *stephane*; hair waved and fastened in queue at back of head	V E S T A, Vesta, veiled, dr., standing front, head l., holding *palladium* on r. hand and sceptre in l.; in field to r. and l., S C	BMC_{VI} 392 RIC 709
				Issue 7, A.D. 227		
232	AE 30.3 16.23	12 h	S	IVLIAMAMAEA [AVG]VSTA, bust of Julia Mamaea, dr., head bare, r., wearing *stephane*; hair waved and fastened in queue at back of head	[VESTA], Vesta, veiled, dr., standing front, head l., holding patera in r. hand and sceptre in l., in field to r. and l., S C	BMC_{VI} 445 RIC 710

[228] Inv. no. A 2519. Archival records: Collection 1829, fol. 104, no. 21/29; KMR 2151.

[229] Inv. no. A 2520. Archival records: Krasicki, fol. 10, 431; IML 1269; KMR 2152. Donated by Count Ignacy Krasicki, 1829.

[230] Inv. no. A 2521. Archival records: KMR 2153.

[231] Inv. no. A 2523. Archival records: IML 1274; KMR 2158.

[232] Inv. no. A 3954. Archival records: KMR 2157. Part of the coin is broken off.

No.	Metal Size Weight	Axis	Deno-mina-tion	Obverse	Reverse	Literature
				Issue 9, A.D. 227		
233	AE 30.5 19.05	12 h	S	IVLIAMAMA EAAVGVSTA, bust of Julia Mamaea, dr., head bare, r., wearing *stephane*; hair waved and fastened in queue at back of head	FELICITASPVBLICA, Felicitas, dr., standing front, head l., legs crossed, holding caduceus in r. hand and resting l. arm on column; in field to r. and l., S C	BMC_{VI} 487–492 RIC 676
234	AE 30.2 18.75	12 h	S	Similar	Similar, but FELICI TAS PVBLICA	BMC_{VI} 487–492 RIC 676
235	AE 26.3 10.65	12 h	As	Similar	Similar, but FELICI TASPVBLICA	BMC_{VI} 495 RIC 677
				Issue 11, A.D. 230		
236	AE 30.7 16.83	1 h	S	IVLIAMAMA EAAVGVSTA, bust of Julia Mamaea, dr., head bare, r., wearing *stephane*; hair waved and fastened in queue at back of head	FELICI TAS PVBLICA, in ex., SC, Felicitas, dr., seated l., holding caduceus in r. hand and cornucopiae in l.	BMC_{VI} 662ff. RIC 679
237	AE 29.5 15.81	12 h	S	Similar	Similar, but FELICI TASPVBLICA	BMC_{VI} 663 RIC 680
238	AE 29.9 15.71	12 h	S	Similar	Similar	BMC_{VI} 663 RIC 680

[233] Inv. no. A 2513. Archival records: Collection 1829, fol. 104, no. 21/25–56; KMR 2143.
[234] Inv. no. A 2514. Archival records: Collection 1829, fol. 104, no. 21/25–56; KMR 2144.
[235] Inv. no. A 2515. Archival records: IML 2374; KMR 2145. Bequeathed by count Ignacy Skarbek c. 1844 (note in IML).
[236] Inv. no. A 2516. Archival records: KMR 2146.
[237] Inv. no. A 2518. Archival records: KMR 2148.
[238] Inv. no. A 2517. Archival records: KMR 2147.

Orbiana (A.D. 225)

Mint of Rome

Billon

BMC$_{V}$, pp. 142–143, 211

No.	Metal Size Weight	Axis	Deno- mina- tion	Obverse	Reverse	Literature
				Special Marriage Issue, A.D. 225		
239	Billon 18.2 1.81	1 h	D	SALLBARBIA ORBIANAAVG, bust of Orbiana, dr., wearing *stephane*; hair waved and fastened in queue and small bun at back of head	C O N C O R D I A A V G G, Concordia, dr., seated l., holding patera in r. hand and double cornucopiae in l.	BMC$_{VI}$ 287–290 RIC 319

[239] Inv. no. A 2507. Archival records: Lubomirski, 428; Collection 1829, fol. 104, no. 21/23; IML 1263; KMR 2141. Donated by Prince Henryk Lubomirski, 1828.

IV. UNOFFICIAL AND IMITATIVE COINS

Hybrids

After the mint of Rome

Julia Domna (obverse and reverse)

No.	Metal Size Weight	Axis	Denomination	Obverse	Reverse	Literature
				No earlier than issues of A.D. 213 (IVLIA PIA FELIX AVG)		
240	Sub. 18.4 3.21	11 h	D hybr.	IVLIA[PIA] FELIXAVG, bust of Julia Domna, draped, r., hair waved and fastened in bun at back of head	FORTVNAE FELICI, Fortuna, naked to waist, seated l., holding cornucopiae in r. hand and resting l. hand on rudder set on globe	BMC_V, p. 430–436 (obv.) BMC_V, p. 160, 27f. (rev.) RIC, p. 272ff. (obv.) RIC, p. 167, 553 (rev.)

Caracalla (obverse and reverse)

No.	Metal Size Weight	Axis	Denomination	Obverse	Reverse	Literature
				No earlier than the issue of A.D. 214 (ANTONINVS PIVS AVG GERM)		
241	Sub. 17.6 2.47	12 h	D hybr.	[ANTONIN]VS PIVS AVG GERM, head of Caracalla, laur., r.	[VOTASV]S [CEPTAX], Caracalla, veiled, standing l., sacrificing out of patera in r. hand over tripod and holding roll in l.	BMC_V, p. 468, 4 RIC, p. 262, 325

240 Inv. no. A 5927. Acquired in 2006. A hybrid of Julia Domna's obverse dated to A.D. 213–217 and the empress's reverse dated to A.D. 207–209 (late group, compare BMC_V, Introduction, p. cxxxii).

241 Inv. no. A 5914. Acquired in 2006. VOTA SVSPECTA X type of Caracalla's is dated to A.D. 205 (BMC_V, Introduction, p. cxlvii) and the GERM cognomen appeared no earlier than A.D. 214. A gift from Marek Sokołowski.

Julia Maesa (obverse), Geta (reverse)

No.	Metal Size Weight	Axis	Deno-mina-tion	Obverse	Reverse	Literature
				No earlier than the issues of A.D. 218 (IVLIA MAESA AVG)		
242	Base Cast 19.5 3.88	12 h	D hybr.	IVLIAMAESAAVG, bust of Julia Maesa, dr., head bare, r., hair waved and fastened in bun at back of head	SECVRIT IMPERII, Securitas, dr., seated l., holding globe on r. hand and resting l. arm on side of throne	BMC_V, p. 539–542 (obv.) BMC_V, p. 199, 240–243 (rev.) RIC IV/2, p. 49–51 (obv.) RIC IV/1, p. 316, 20 (rev.)

242 Inv. no. A 5929. Acquired in 2006 at the 35th auction of Gdański Gabinet Numizmatyczny. A copper denarius. SECVRIT IMPERII type of Geta's is dated to A.D. 199–204 and coins with the obverse legend IVLIA MAESA AVG are dated to A.D. 218–223.

After an eastern mint

Septimius Severus (obverse), Caracalla (reverse)

No.	Metal Size Weight	Axis	Deno- mina- tion	Obverse	Reverse	Literature
				No earlier than the issues of A.D. 198 (SPES PVBLICA)		
243[243]	Sub. 16.7 2.53	6 h	D hybr. barb.	IMPCAELSEP SEVPERTAVG COSII, head of Septimius Severus, laur., r.	SPES V B LI C A, Spes advancing l., holding flower in r. hand and raising skirt with l. hand	BMC$_{V}$, p. 90–101 (obv.) BMC$_{V}$, p. 173; p. 283, * p. 284, § (rev.) RIC 338 (barb.)

Caracalla (obverse), Septimius Severus (reverse)

No.	Metal Size Weight	Axis	Deno- mina- tion	Obverse	Reverse	Literature
				No earlier than the issue of A.D. 202 (*compare: BMC$_{V}$, p. 300, *, +*)		
244[244]	Ag 43% Cu 56% 17.9 2.62	6 h	D hybr.	ANTONINVS PIVSAVG, bust of Caracalla, dr., head laur. r.	AEQ VITA T I AVGG, Aequitas standing l., holding scales in r. hand and cornucopiae in l.	BMC$_{V}$, p. 300, *, + (obv.) BMC$_{V}$, p. 285, 650 (rev.) RIC, p. 172, 590 (hybrids of Julia Domna)

[243] Inv. no. A 5926. Acquired in 2006. Apart from some barbarisation, the style is clearly eastern and thus connected with either Laodicea ad Mare or Cappadocian Caesarea (in BMC as 'Uncertain (Emesa)'). The obverse type of Septimius Severus is dated to A.D. 194–197, the reverse SPES PVBLICA type of Caracalla is dated no earlier than to A.D. 198; reverse lettering most similar to Caracalla's type (BMCv 114).

[244] Inv. no. A 3866. Archival records: unknown. Eastern style, most probably Laodicea ad Mare. The obverse is dated to A.D. 202 and Septimius Severus' AEQVITATI AVGG reverse is dated to A.D. 198–202. Some eastern denarii were recorded as hybrids of Julia Domna's obverse and the above type of reverse (ex. RIC, pp. 172, 590).

Subaerati

After the mint of Rome

Septimius Severus

No.	Metal Size Weight	Axis	Deno- mina- tion	Obverse	Reverse	Literature
				No earlier than issues of A.D. 196 (IMP VII)		
245	Sub. 16.5 2.73	6 h	D	[L SEPT SEV PERT A]VG IMP VII, head of Septimius Severus, laur., r.	[P M TR P III] COS II P P, Minerva dr., standing front, head l., holding spear in r. hand and round shield in l.	BMC$_V$, p. 43, 134 ff. RIC 68 Hill 186
				No earlier than issues of A.D. 197–198 (IMP X)		
246	Sub. 16.9 3.11	7 h	D	L SEPT SEV PART [AVG IMP X], head of Septimius Severus, laur., r.	[P]ACI AETERN[AE], Pax dr., seated l., holding branch in r. hand and sceptre in l.	BMC$_V$, p. 61, 253f. RIC 118 Hill 306
				No earlier than issues of A.D. 201 (TR P VIIII)		
247	Sub. 18.4 2.75	6 h	D	SEVERVSAVG PARTMAX, head of Septimius Severus, laur., r.	PARTMAX P MT[RPVIIII], two captives seated l. and r. at foot of trophy	BMC$_V$, p. 202, + RIC 153 Hill 528

[245] Inv. no. A 6033. Acquired in 2007. According to information obtained after accession, the coin was allegedly found in 1997, after the flood, near the bank of the Strzegomka River close to the communal cemetery in Strzegom. There may also have been a second denarius found together with this one, but no further details are known of it.

[246] Inv. no. A 6058. Acquired in 2007, together with A 6017, possibly found in Gomolava (see: note 23).

[247] Inv. no. A 2326. Archival records: unknown.

Julia Domna

No.	Metal Size Weight	Axis	Deno- mina- tion	Obverse	Reverse	Literature
				No earlier than issues of c.a. A.D. 207–211		
248	Sub. 20.1 3.02	12 h	D	IVLIA AVGVSTA, medium-sized bust of Julia Domna, draped, r., hair waved and coiled at back in a vertical chignon on the back of head	F E L I C I T A S, Felicitas dr., standing front, head l., holding caduceus in r. hand and sceptre in l.	BMC_V, pp. 160, 22f. RIC 551 Hill 771

Macrinus

No.	Metal Size Weight	Axis	Deno- mina- tion	Obverse	Reverse	Literature
				No earlier than issues of A.D. 218 (TR P II)		
249	Sub. 19.3 2.22	2 h	D	IMPCMOPELSEV MACRINVSAVG, bust of Macrinus, cuirassed, head laur., r.	SALVSPVBLICA, Salus dr., seated l., feeding snake coiled round altar out of patera in r. hand and holding sceptre in l. hand	BMC_V, p. 498, 26 RIC 87
250	Sub. 19.1 2.22	6 h	D	[IMPC]MOPELSEV [MACRINVSAVG], bust of Macrinus, dr., head laur., r.	[PMTRP]IICOSPP, Macrinus, togate, seated l., on curule chair, holding globe on r. hand and short sceptre in l.	BMC_V, p. 501ff., 45–50 RIC 27

---

248 Inv. no. A 2333. Archival records: KMR 1948.

249 Inv. no. A 2405. Archival records: Collection 1829, fol. 102, no. 20/27; IML 1192; KMR 2027.

250 Inv. no. A 2406. Archival records: Lubomirski, 406; Collection 1829, fol. 102, no. 20/26; IML 1190; KMR 2026. Donated by Prince Henryk Lubomirski, 1828.

Elagabalus

No.	Metal Size Weight	Axis	Deno-mina-tion	Obverse	Reverse	Literature
				No earlier than issues of A.D. 219–220 (IMP ANTONINVS AVG)		
251	Sub. 19.3 2.65	5 h	D	IMPANTONINVS AVG, bust of Elagabalus, dr., head laur., r.	PROVID DEORVM, Providentia, dr., standing front, head l., holding wand in r. hand and cornucopiae in l., and resting l. arm on column	BMC_V, pp. 552f., 158–161 RIC 130 var.
				No earlier than issues of A.D. 220–222 (IMP ANTONINVS PIVS AVG)		
252	Sub. 19.9 3.25	6 h	D	IMPANTONINVS PIVSAVG, bust of Elagabalus, dr., head laur., r.	INVICTVSSACERDOS AVG, Elagabalus, laur., sacrificing out of patera in r. hand over lighted tripod and holding club in l. hand; bull behind the tripod; in field to l., star	BMC_V, p. 562, 210–212 RIC 88

Julia Soaemias

No.	Metal Size Weight	Axis	Deno-mina-tion	Obverse	Reverse	Literature
				No earlier than issues of A.D. 218–222		
253	Sub. 18.8 2.13	1 h	D	IVLIASOAEMIAS AVG, bust of Julia Soaemias, dr., head bare, r., hair waved and knotted in queue and small bun at back	VENVSCAELESTIS, Venus, dr., standing front, head l., holding apple in r. hand and sceptre in l.; in field to r., star	BMC_V, pp. 563f., 44–53 RIC, *Elagabalus*, 241

251 Inv. no. A 2413. Archival records: Lubomirski later, 75; Collection 1829, fol. 102, no. 20/36; IML 1200; KMR 2043. Donated by Prince Henryk Lubomirski, 1828. There are tiny spots where copper is visible on the surface of the coin (microscopic examination). The inventory number written on the coin is green-blue.

252 Inv. no. A 2410. Archival records: KMR 2036. There are tiny spots of copper visible on the surface of the coin (microscopic examination).

253 Inv. no. A 2423. Archival records: Collection 1829, fol. 102, no. 20/49; IML 1213; KMR 2056.

No.	Metal Size Weight	Axis	Deno-mina-tion	Obverse	Reverse	Literature
254	Sub. 19.1 2.18	6 h	D	Similar	VENVSCAE [LESTIS], Venus, dr., seated l., holding patera in r. hand and sceptre in l.; in front of her, child standing r., raising both hands	BMC_V, pp. 537f., 55–59 RIC, *Elagabalus*, 243

Julia Maesa

No.	Metal Size Weight	Axis	Deno-mina-tion	Obverse	Reverse	Literature
				No earlier than issues of A.D. 218–223		
255	Sub. 20.7 2.99	8 h	D	I V L I A M A E S A A V G, bust of Julia Maesa, dr., head bare, r., hair waved and fastened in bun at back of head	P V D I C I T I A, Pudicitia seated l., raising veil and holding sceptre	BMC_V, p. 541, 76ff. RIC, *Elagabalus*, 268

Severus Alexander

No.	Metal Size Weight	Axis	Deno-mina-tion	Obverse	Reverse	Literature
				No earlier than issue 5 of A.D. 225		
256	Sub. 20.5 3.03	6 h	D Barb.	IMPCMAVRSEV ALEXANDAVG, bust of Severus Alexander, dr., head laur., r.	V I C T O R I AAV G, Victory, dr., advancing l., holding up wreath in r. hand and palm in l.	BMC_{VI}, p. 140, 268–273 RIC 180

[254] Inv. no. A 2424. Archival records: Lubomirski later, 76; Collection 1829, fol. 102, no. 20/48 (erroneously as VENVS GENETRIX); IML 1212; KMR 2057. Donated by Prince Henryk Lubomirski, 1828.

[255] Inv. no. A 2428. Archival records: Krasicki, fol. 10, 428-9; Collection 1829, fol. 102, no. 20/55–56; IML 1216; KMR 2060. Donated by Count Ignacy Krasicki, 1829.

[256] Inv. no. A 2503. Archival records: Collection 1829, fol. 103, no. 21/15; IML 1260; KMR 2130. Slightly barbarised.

No.	Metal Size Weight	Axis	Deno-mina-tion	Obverse	Reverse	Literature
				No earlier than issue 6 of A.D. 226		
257	Sub. 19.3 2.99	12 h	D	IMPCMAVR[SEV] ALEXANDAVG, bust of Severus Alexander, dr., head laur., r.	A N N O N A A V G, Annona, dr., standing front, head l., holding corn-ears in r. hand and cornucopiae in l.; at feet, to l., modius and corn-ears	BMC$_{VI}$, pp. 148f., 341–344 RIC 133
				No earlier than issue 15 of A.D. 232		
258	Sub. 19.6 3.18	5 h	D	IMPALEXANDER PIVSAVG, bust of Severus Alexander, dr., head laur., r.	PMTRPX I C OSIIIPP, Sol naked but for cloak over shoulder, advancing l., raising r. hand and holding whip in l.	BMC$_{VI}$, p. 200, 862f. RIC 114

[257] Inv. no. A 2435. Archival records: KMR 2069. Copper can be seen on the reverse (on part of Annona's leg) and on the obverse.

[258] Inv. no. A 2454. Archival records: Collection 1829, fol. 103, no. 21/13; IML 1234; KMR 2113. Copper core visible on the obverse side.

After the mint of Laodicea ad Mare

Geta

No.	Metal Size Weight	Axis	Denomination	Obverse	Reverse	Literature
				No earlier than issues of A.D. 198–200 (L SEPTIMIVS GETA CAES)		
259	Sub. 18.2 2.34	6 h	D	LSEPTIMIVS [G]ETACAES, bust of Geta, dr., head bare, r.	FELICITA S T E M P O R, Felicitas dr., standing front, head l., holding caduceus in r. hand and cornucopiae in l.	BMC$_V$, p. 290, 683–684 RIC 2 Hill 337
				No earlier than issues of A.D. 202 (P SEPTIMIVS GETA CAES)		
260	Sub. 19.8 3.25	12 h	D	PSEPTIMIVS GET[A]CAES, bust of Geta, dr., head bare, r.	M A R T I VICTORI, Mars, naked, advancing r., holding spear in r. hand and trophy in l.	BMC$_V$, p. 302, 742–748 RIC 103
261	Sub. 18.3 3.12	12 h	D	Similar, but PSEPTIMIVSGETA CAES	SEVERIP[IIAVGFIL], priestly emblems: *lituus*, axe, tall jug, *simpulum*, sprinkler	BMC$_V$, p. 303, 754–757 RIC 107

Julia Paula

No.	Metal Size Weight	Axis	Denomination	Obverse	Reverse	Literature
				No earlier than issues of A.D. 219–220		
262	Sub. 19.6 2.58	6 h	D	[I]V L I A P A [V L A] AVG, bust of Julia Paula, dr., head bare, r., hair in waves, fastened in queue at back	C O N C O R D I A, Concordia, dr., seated l., holding patera in r. hand; in field to l., star	BMC$_V$, p. 582f., 316f. RIC, *Elagabalus*, 211

[259] Inv. no. A 2386. Archival records: Lubomirski, 401 or 402; Collection 1829, fol. 101, no. 20/19; IML 1180; KMR 2008. Donated by Prince Henryk Lubomirski, 1828.

[260] Inv. no. A 2395. Archival records: Lubomirski, 403; Collection 1829, fol. 101, no. 20/17; IML 1181; KMR 2011. Donated by Prince Henryk Lubomirski, 1828.

[261] Inv. no. A 2394. Archival records: Collection 1829, fol. 101, no. 20/12; IML 1182; KMR 2020.

[262] Inv. no. A 2422. Archival records: Lubomirski, 413; Collection 1829, fol. 102, no. 20/42; IML 1209; KMR 2051. Donated by Prince Henryk Lubomirski, 1828.

Base metal

After the mint of Rome

Septimius Severus
Base

No.	Metal Size Weight	Axis	Deno-mina-tion	Obverse	Reverse	Literature
				No earlier than issues of A.D. 209		
263	Base Cast 17.9 2.69	12 h	D	SEVERVS PIVSAVG, head of Septimius Severus, laur., r.	LIBERALI TASAVGVI, Liberalitas dr., standing front, head l., holding *abacus* in r. hand and cornucopiae in l.	BMC$_V$, p. 220, 349ff. RIC 278a Hill 1024
				No earlier than issues of A.D. 210 (TR P XVIII)		
264	Base Cast 18.3 2.04	6 h	D	S E V E R V S PIVSAVG, head of Septimius Severus, laur., r.	PMTRPXVIII COSIIIPP, Neptune standing front, head l., r. foot set on rock, resting r. hand on knee and holding trident in l. hand	BMC$_V$, p. 360, 19 RIC 234 Hill 1080

[263] Inv. no. A 2299. Archival records: Krasicki, fol. 9, 398; Collection 1829, fol. 99, no. 19/32; IML 2366; KMR 1913. Donated by Count Ignacy Krasicki, 1829. Yellow metal can be seen on the edge of the coin, where filed (microscopic examination).

[264] Inv. no. A 2313. Archival records: Krasicki, fol. 9, 395 (erroneously TR P VIII); IML 1127; KMR 1931. Donated by Count Ignacy Krasicki, 1829. Yellow metal can be seen on the edge of the coin, where filed (microscopic examination). The surface is grey.

Caracalla

Base

No.	Metal Size Weight	Axis	Deno-mina-tion	Obverse	Reverse	Literature
				No earlier than issues of A.D. 205 within the series of A.D. 201–210 (ANTONINVS PIVS AVG)		
265	Base Cast 18.9 2.63	5 h	D	ANTONINVS PIVS[AV]G, head of Caracalla, laur., r.	VOTASVS CEPT[A]X, Caracalla, veiled, dr., standing front, head l., sacrificing out of patera in r. hand over lighted tripod and holding roll in l. hand, at his side	BMC_V, p. 212, 302f. RIC 179 Hill 821
				No earlier than issues of A.D. 208 (TR P XI)		
266	Base Cast 20.1 3.47	6 h	D	ANTO[NINVS] PIVSAVG, head of Caracalla, bare, r.	PONTIFTRP XICOSIII, Mars, in military dress, advancing r., holding spear in r. hand and oval shield in l.	BMC_V, p. 270, 569f. RIC 100 Hill 982

Geta

Base

No.	Metal Size Weight	Axis	Deno-mina-tion	Obverse	Reverse	Literature
				No earlier than issues of A.D. 208–209 (PONTIF COS II)		
267	Base Cast 18.9 3.34	12 h	D	PSEPTIMIVS GETACAES, head of Geta, bare, r.	P O N T I F C O S I I, Genius, naked, standing front, head l., sacrificing out of patera in r. hand over lighted altar and holding corn-ears in l. hand	BMC_V, p. 274, 579–583 RIC 59b Hill 984

[265] Inv. no. A 2373. Archival records: Collection 1829, fol. 101, no. 19/74; IML 1171; KMR 2004. Yellow metal can be seen on the edge of the coin, where filed (microscopic examination).

[266] Inv. no. A 2371. Archival records: Collection 1829, fol. 101, no. 19/76; IML 1159; KMR 1994. Red metal (copper) can be seen on the surface of the coin.

[267] Inv. no. A 2390. Archival records: KMR 2013.

Macrinus

Base

No.	Metal Size Weight	Axis	Deno-mina-tion	Obverse	Reverse	Literature
				No earlier than issues of A.D. 217–218 (IMP C M OPEL SEV MACRINVS AVG)		
268	Base Cast 19.3 2.27	11 h	D	IMPCMOPELSEV MACRINVSAVG, bust of Macrinus, dr., r.	FELICITASTEMPO RVM, Felicitas dr., standing front, head l., holding caduceus in r. hand and sceptre in l.	BMC_V, p. 496, 9f. RIC 62

Diadumenian as caesar

Base

No.	Metal Size Weight	Axis	Deno-mina-tion	Obverse	Reverse	Literature
				No earlier than issues of A.D. 217–218 (April 217–May 218)		
269	Base Cast 20.6 1.83	5 h	D	[M]OPELANTDIA DVMENIANCAES, bust, dr., cuirassed, head bare, r.	PRINCIVVENTVTIS, Diadumenian, in military dress, standing front, head r., holding standard in r. hand and sceptre in l.; to r., two standards	BMC_V, p. 510, 87–91 RIC 108
270	Base Cast 21.1 2.96	5 h	D	Similar, but MOPELANTDIAD VMENIANCAES	S P E S P V B L I C A, Spes, dr., advancing l., holding flower up in r. hand and raising skirt	BMC_V, p. 510, 92–94 RIC 117

[268] Inv. no. A 2404. Archival records: IML 1191; KMR 2024.

[269] Inv. no. A 2407. Archival records: Krasicki, fol. 10, 420; Collection 1829, fol. 102, no. 20/29–30; IML 1193; KMR 2031. Donated by Count Ignacy Krasicki, 1829. Yellow metal can be seen on the edge of the coin.

[270] Inv. no. A 3869. Archival records: unknown. Partly burnt. A large hollow near the edge of the reverse on 4 h is probably the result of casting.

Elagabalus
Base

No.	Metal Size Weight	Axis	Deno-mination	Obverse	Reverse	Literature
			No earlier than issues of A.D. 219 (TR P II) – 3rd group (IMP ANTONINVS AVG)			
271	Base Cast 19.6 3.1	1 h	D	IMPANTONINVS AVG, bust of Elagabalus, dr., head laur., r.	PMTRPII COSIIPP, Fortuna, dr., seated l., holding rudder on globe in r. hand and cornucopiae in l.; under throne, wheel	BMC_V, p. 544, 96ff. RIC 19

[271] Inv. no. A 2419. Archival records: KMR 2042. Copper can be seen on the inventory number written on the surface of the coin in the 19th century.

After mint of Rome or Laodicea ad Mare

Septimius Severus

Base

No.	Metal Size Weight	Axis	Deno- mina- tion	Obverse	Reverse	Literature
				No earlier than the 2nd issue of A.D. 197 (IMP VIIII)		
272	Base Cast 15.6 2.27	1 h	D	L SEPT[SEVPERT AVG]IMPVIIII, head of Septimius Severus, laur., r.	P M [TRPV] [COS] II P P, Fortuna dr., seated l., holding rudder on globe in r. hand and cornucopiae in l.	BMC_V 229f. RIC 104 Hill 275
				No earlier than issues of A.D. 198–202 (IMP XI PART MAX)		
273	Base Cast 18.9 3.10	1 h	D	LSEPTSEVAVGIM PXIPARTMAX, head of Septimius Severus, laur., r.	AEQ VITA T I A V G G, Aequitas, dr., standing front, head l., holding scales in r. hand and cornucopiae in l.	BMC_V 650f. RIC 500

[272] Inv. no. A 2306. Archival records: KMR 1921. There is a grey colour on the surface and clearly visible traits of casting in the centre of the obverse. Yellow metal can be seen on the edge of the coin, where filed (microscope examination).

[273] Inv. no. A 2285. Archival records: IML 2369; KMR 1896. Yellow metal, possibly brass, can be seen on the reverse. There are traces of casting on the edge of the coin.

Julia Domna

Base

No.	Metal Size Weight	Axis	Deno-mina-tion	Obverse	Reverse	Literature
				No earlier than issues of A.D. 196–203		
274	Cu 77% Sn 18% Pb 3% Cast 2.03 3.06	12 h	D	IVLIA AVGVSTA, medium-sized bust of Julia Domna, draped, r., hair waved and fastened in queue low on neck	[IVNO] RE[GINA], Juno, dr., veiled, standing front, head l., holding patera in r. hand and sceptre in l.; at feet, peacock standing l., head turned r.	BMC_V, p. 277, 601ff. RIC 640

[274] Inv. no. A 4010. Archival records: unknown. Ancient copy of Julia Domna's denarius with tin as the main component apart from copper, though there could have been some artificial patina applied in modern times. The surface is very uneven and the reverse is poorly executed. Portions of additional metal form a kind of shell, especially on the reverse side. Inside the coin is red--yellowish (microscopic examination after metal analyses).

After an eastern mint

Julia Maesa
Base

No.	Metal Size Weight	Axis	Denomination	Obverse	Reverse	Literature
				No earlier than issues of A.D. 218–223		
275	Base Cast 19.4 2.63	6 h	D	IVLIA MAESAAVG, bust of Julia Maesa, dr., wearing *stephane*, r., hair waved and fastened in small bun at back of head	I V N O R E G I, Juno, dr., veiled, standing front, head l., holding patera in r. hand and sceptre in l.; at feet, to l.; peacock looking back	BMC_V, p. 577, 295, footnote RIC 259

Severus Alexander
Base

No.	Metal Size Weight	Axis	Denomination	Obverse	Reverse	Literature
				No earlier than the issue of 4, April, A.D. 223		
276	Base Cast 18.2 2.83	6 h	D	IMPCMAVRSEV ALEXAND[AVG], bust of Severus Alexander, head laur., r.	PROVID DEORVM, Providentia, dr., standing front, head l., holding wand over globe in r. hand and sceptre in l.	BMC_{VI}, p. 218, 1061f. RIC 294f.

[275] Inv. no. A 2426. Archival records: KMR 2059. Yellow metal can be seen on the surface of the coin.

[276] Inv. no. A 2442. Archival records: Collection 1829, fol. 104, no. 21/21; KMR 2118. Yellow metal inside can be seen on the edge of the coin, where filed (microscopic examination).

Barbarised

After the mint of Laodicea ad Mare

Septimius Severus

No.	Metal Size Weight	Axis	Deno- mina- tion	Obverse	Reverse	Literature
				No earlier than issues of A.D. 198–202 (IMP XI PART MAX)		
277	Billon 18.8 3.36	12 h	D barb.	LSEPTSEVAVG [*illegible*] APAARTMAX, head of Septimius Severus, laur., r.	VICT [*illegible*] AV G G F E L, Victory (barbarised head), dr., advancing l., holding open wreath in both hands; before her, shield set on low base	BMC_V 677ff. RIC 144b

[277] Inv. no. A 2321. Archival records: KMR 1943. Partly barbarised: either the original coin was pressed into new dies and then images were partly reworked or the original dies were reworked.

Barbarous imitation in gold

Imitating Severus Alexander's prototype of the mint of Rome

Runic

No.	Metal Size Weight	Axis	Deno-mina-tion	Obverse	Reverse	Literature
278	Au 75.64% Ag 22.75% Cu 1.54% 22.3 mm 6.342 g Model-mould-die technique? Pierced	11 h	Imit. aur	Mirrored. Barbarised bust of Severus Alexander, head laur., l.; to r., legend XAN[D]AVG running counterclockwise; to l., runic legend running clockwise (see Tables 1–2 below); a sign like a 'bent finger' in front of the eye	Mirrored. Barbarised image of Jupiter, naked but for cloak on his shoulders, standing front, face turned to r., holding thunderbolts in l. and long sceptre in r. hand; small barbarised figure of the emperor standing to r.; to r., legend IOVI CON running counter-clockwise; to l., signs imitating Latin letters	Prototype: BMCRE VI, pp. 183, 688; RIC IV/2, pp. 86, 199; Degler 2015 (this coin); no similar imitative aureus known

Runic legend – possible readings

A	B	1	2	3	4	5	6	7	8	
x	x	i	i	r s+i?	u/l	s	t	i	s	*Düwel*
		i	i	r	k/l/u	s	t	i	s	*Nedoma*
(–)	–	–	(l)	r	(k)	s	t	i	s	*Imer*
		i?	i	r	k/l	s	t	i	s	*Pesch*

Table 1. Possible readings of the runic legend. Imer's () means uncertain read, – means unreadable sign. Table compiled by Alexandra Pesch and revised by Adam Degler.

1	2	3	4	5	6	7	8	
?	i?	r	l/u	s	t	i	s	*Degler (a)*
?	i?	l+k	l/u	s	t	i	s	*Degler (b)*

Table 2. Two alternative readings of the inscription after microscopic examination.

---

278 Inv. no. A 6273. Acquired in 2014 at the 58th Auction of Warsaw Numismatic Centre. I wish to express my gratitude for help on the subject of barbarous imitations of Roman coins to Professor Aleksander Bursche (Institute of Archaeology, Warsaw University) and Helle Horsnæs, PhD (curator of the numismatic collection in the National Museum in Denmark). I wish to express my gratitude for help on the subject of runic inscriptions, their deciphering and interpretation to Lisbeth Imer, PhD (research curator in the National Museum, Denmark, with specialisation in runology), Alexandra Pesch, PhD, habilitated (Zentrum für Baltische und Skandinavische Archäologie, Schloß Gottorf, Schleswig), Professor Klaus Düwel (Seminar für Deutsche Philologie, University in Göttingen) and Robert Nedoma (Ältere deutsche Sprache und Literatur, Institut für Europäische und Vergleichende Sprach- und Literaturwissenschaft, Vienna University). The thorough analysis of the imitative coin and the tables presented above with detailed commentary can be found in: Degler 2015.

V. MODERN COINS IN THE SEVERAN TYPE AND DOUBTFUL COINS

Denarii types

Gold alloy

AV/AR: the percentage of gold and silver in alloy not specified

Portrait of Caracalla

No.	Metal Size Weight	Axis	Deno-mina-tion	Obverse	Reverse	Literature
279	AV/AR 19.3 3.69	1 h	–	ANTONINVSPIVS AVGBRIT, head of Caracalla, laur., r.	M O N E T A A V G, Moneta, dr., standing front, head l., holding scales in r. hand and cornucopiae in l.	Denarii types: BMC_V, p. 372f., 89–94 RIC 224 Hill 1356

279 Inv. no. B 5591. Archival records: unknown. Since no aurei of this type are known, the coin is most probably the modern copy of an aureus in type and with the weight of a denarius made of white gold alloy or gilded. Original denarii of this type are dated to A.D. 210–213. There are no obvious signs of barbarisation.

Silver alloy

AR: not specified percentage of silver in alloy

Portrait of Septimius Severus

No.	Metal Size Weight	Axis	Deno-mina-tion	Obverse	Reverse	Literature
280	AR 19.3 2.77	6 h	–	SEVERVS PIVSAVG, head of Septimius Severus, laur., r.	RESTI[TVTOR] VRBIS, Roma seated l., on shield, holding *palladium* on r. hand and sceptre in l.	BMC_V, p. 221, 359 RIC 288 Hill 843

Portrait of Caracalla (as augustus)

No.	Metal Size Weight	Axis	Deno-mina-tion	Obverse	Reverse	Literature
281	AR 19.9 2.95	12 h	–	ANTONINVS PIVSAVG, bust of Caracalla, head laur., r.	V I C T P A RT M A X, Victory, winged, dr., advancing l., holding wreath in r. hand and palm in l., in ex., R (=Replica)	BMC_V, pp. 211, 296–299 RIC144b Hill 688
282	AR Cast 18.2 3.05	1 h	–	Similar	PONTIFTRPXCOSII, Caracalla (as Virtus), in military dress, standing front, head r., holding spear in r. hand and *parazonium* in l.; at his feet, a river-god, naked to waist, reclining r., resting r. arm on urn; to r., two captives, wearing peaked caps and long robes, seated l., with hands tied behind backs	BMC_V, p. 267, 555f. RIC 96 Hill 925

---

280 Inv. no. A 2296. Archival records: unknown. Modern, probably a 19th-century cast copy of a denarius.

281 Inv. no. A 5876. Acquired in 1998 as a replica of Caracalla's denarius made in the latter part of the 20th century, signed with the letter 'R'.

282 Inv. no. A 2370. Archival records: Lubomirski, 409; Collection 1829, fol. 101, no. 19/77; IML 1158; KMR 1993. Donated by Prince Henryk Lubomirski, 1828. A modern, pre-1828 cast copy of Caracalla's denarius; very crude.

No.	Metal Size Weight	Axis	Deno- mina- tion	Obverse	Reverse	Literature
283	AR 18.6 3.91	6 h	–	ANTONINVS PIVSAVGGERM, head of Caracalla, laur., r.	PMTRPXVIII CO[*illegible*]IIIIPP, Aesculapius, naked to waist, standing front, head l., holding serpent-wreathed wand in r. hand; at feet, to r., globe	BMC$_V$, p. 452, 105f. RIC 251 Hill 1444

Portrait of Geta

No.	Metal Size Weight	Axis	Deno- mina- tion	Obverse	Reverse	Literature
284	AR 19.9 3.23	6 h	–	[P]SEPTGETA CAE[S]PONT, bust of Geta, dr., head bare, r.	F E L I C I T A S A V G G, Felicitas, dr., standing front, head l., holding caduceus in r. hand and cornucopiae in l.	BMC$_V$, p. 197, 218f. RIC 8 Hill 685
285	AR cast 18.8 2.37	6 h	–	GETACAES PONTCOS, bust of Geta, dr., head bare, r.	V O T A PVBLICA, Geta standing l., sacrificing out of patera in r. hand over tripod and holding roll	BMC$_V$, p. 242, 442 RIC 38a Hill 732

[283] Inv. no. A 2367. Archival records: KMR 1987. A fake denarius, most probably a 19th-century work. It has trimmed edges. The relief is too low and the weight is too high. It has an artificial green patina.

[284] Inv. no. A 2389. Archival records: KMR 2007. Details less exposed to wear, such as the upper part of caduceus, are absent. There is uneven lettering. It is a copy of an original denarius (a 19th-century work) or a coin from an unofficial mint struck with damaged dies with an error in spelling on the reverse.

[285] Inv. no. A 2398. Archival records: KMR 2023. Doubtful. The relief seems to be too low. The lettering is uneven. The edge was partly trimmed and the damage to the edge was probably caused by a broken off casting sprue.

Portrait of Severus Alexander

No.	Metal Size Weight	Axis	Denomination	Obverse	Reverse	Literature
286	AR 18.8 2.41	12 h	–	IMPCMAVRSEVA LEXANDAVG, bust of Severus Alexander, dr., cuirassed, head laur., r.	PAXAE TER N AAVG, Pax, dr., standing front, head l., holding branch in r. hand and sceptre in l.	BMC_{VI}, p. 126, 128–130 RIC 165
287	AR 19.4 3.3	1 h	–	IMPCMAVRSE VALE X ANDAVG, head of Severus Alexander, laur., r.	PMTR P III COSPP, Severus Alexander, laur., in military dress, standing front, head l., holding globe in r. hand and spear in l.	BMC_{VI}, p. 131–132, 178–183 RIC 44
288	AR 19.4 2.52	6 h	–	IMPSEVALE XANDAVG, head of Severus Alexander, laur., r.	VICTORIA AVGVSTI, Victory, dr., standing r., l. foot on [helmet], inscribing VOT X on shield held on her knee	BMC_{VI}, p. 177f., 639–641 RIC 218

[286] Inv. no. A 2441. Archival records: Lubomirski, 427; Collection 1829, fol. 104, no. 21/19; KMR 2090. Donated by Prince Henryk Lubomirski, 1828. A copy of Severus Alexander's denarius made before 1828 or an ancient coin struck with a damaged reverse die. Details less exposed to wear, e.g. a sceptre and a branch, are worse visible than those that were more exposed. There is imperfect lettering on the reverse.

[287] Inv. no. A 2449. Archival records: KMR 2095. A suspicious denarius, possibly a copy from the 19th century (pre-1900). It has irregular lettering, a reworked reverse, and an unnatural colour on the surface of the coin. The image of the emperor on the reverse seems to be erroneous.

[288] Inv. no. A 2505. Archival records: Lubomirski, 424–425; Collection 1829, fol. 103, no. 21/16–17; IML 1258; KMR 2132. Donated by Prince Henryk Lubomirski, 1828. A suspicious denarius, possibly a copy from the 19th century (pre-1828). The image of Victoria looks erroneous, as she lacks a helmet. Victoria has no face, though other details, more exposed to wear, such as letters on the shield, are sharp. The letter 'G' on the obverse also looks erroneous.

Portrait of Julia Domna

No.	Metal Size Weight	Axis	Deno- mina- tion	Obverse	Reverse	Literature
289	Sub. 18.3 2.99	11 h	–	IVLIA AVGVSTA, bust of Julia Domna, draped, r., hair waved and fastened in small queue low on neck	MATAVG[GMAT] SENMPAT, Julia Domna, dr., seated l.; holding branch in r. hand and sceptre in l.; in ex. SC (sic!), [*letter 'R'*]	–

Portrait of Severus Alexander

No.	Metal Size Weight	Axis	Deno- mina- tion	Obverse	Reverse	Literature
290	Sub. 17.8 2.06	12 h	–	IMPCMAVRSEVA LEXANDAVG, bust of Severus Alexander, dr., head laur., r.	PMTRPII COSPP, Jupiter, naked except for cloak, standing front, head l., holding thunderbolt in r. hand and sceptre in l.	BMC$_{VI}$, pp. 122, 87ff. RIC 19
291	Sub. 17.8 2.99	6 h	–	Similar	PMTRPIII COSP P, Salus, dr., seated l., feeding snake coiled round altar out of patera in r. hand, resting l. elbow on throne	BMC$_{VI}$, pp. 131, 176 RIC 42

[289] Inv. no. A 3868. Archival records: Lubomirski, 392; Collection 1829, fol. 100, no. 19/53; IML 1137; KMR 1956. Donated by Prince Henryk Lubomirski, 1828. A false, plated denarius made before 1828 with SC letters in ex. and possibly an inverted letter 'R'.

[290] Inv. no. A 2451. Archival records: KMR 2093. A cast silver-plated copper coin copying Severus Alexander's denarius. This coin was described by W. Kętrzyński as fake already in 1900. Made before 1900, possibly at the end of the 19th century,

[291] Inv. no. A 2450. Archival records: Collection 1829, fol. 103, no. 21/2; KMR 2094. A fake denarius, perhaps cold-pressed. It has an unnatural form of a crack and edge. The coin is lenticular in section and its shape is too regular. The copper core could be seen under a thin layer of silver (or silver-like metal) after conservation treatment. Made before 1829.

Copper alloy

Portrait of Caracalla

No.	Metal Size Weight	Axis	Deno- mina- tion	Obverse	Reverse	Literature
				No earlier than issues of A.D. 217–218 (April 217–May 218)		
292	AE Cast 18.1 2.90	1 h	–	MAVRANTON [CAESPONTIF], bust of Caracalla r., dr., cuirassed, head bare	[DESTINATIO] IMPERAT, priestly emblems: *lituus*, *apex*, *bucranium*, *simpulum*	BMC_V, p. 52, 193–196 RIC 6 Hill 308
293	AE Cast 18.4 2.12	6 h	–	ANTONINVSPIVS AVGBRIT, head of Caracalla, laur., r.	MARTI PROPVGNA TORI, Mars, in military dress, advancing l., holding spear in r. hand and trophy in l.	BMC_V, p. 372, 87f. RIC 223 Hill 1355

Portrait of Geta

No.	Metal Size Weight	Axis	Deno- mina- tion	Obverse	Reverse	Literature
294	Base 19.3 2.96	6 h	–	PSEPTGETA CAESPONT, bust of Geta, dr., head bare, r.	N O B I L I T A S, Nobilitas, dr., standing front, head r., holding sceptre in r. hand and *palladium* in l.	BMC_V, p. 197, 223–227 RIC 13a Hill 414

[292] Inv. no. A 2347. Archival records: IML 1150; KMR 1968. Doubtful, some shiny substance applied in the past.

[293] Inv. no. A 2366. Archival records: unknown. It is a brass, cast copy of a denarius made most probably in the 19th or the former part of the 20th century. The reverse was reworked with a sharp tool.

[294] Inv. no. A 5928. Acquired in 2006 at the 35th auction of Gdański Gabinet Numizmatyczny. A base metal copy, with a curious pattern over all the coin, which is visible only under magnification. Most probably, it is a recent work.

Portrait of Severus Alexander

No.	Metal Size Weight	Axis	Deno- mina- tion	Obverse	Reverse	Literature
295	Copper Cast 18.9 3.26	12 h	–	IMPSEVALE XANDAVG, head of Severus Alexander, laur., r.	PM[TRPVIIII] COSIIIPP, Severus Alexander in military dress, standing front, head r., holding spear in r. hand and globe in l.	BMC_{VI}, p. 175, 616 RIC 105

[295] Inv. no. A 2456. Archival records: KMR 2107. Red metal can be seen on the reverse, where worn. It has erroneous lettering. Possibly a modern copy (pre-1900).

Aes types

Portrait of Scantilla, wife of Didius Julianus

No.	Metal Size Weight	Axis	Deno-mina-tion	Obverse	Reverse	Literature
296	AE 27.2 15.77	6 h	–	MANLIASCAN TILLAAVG, bust of Manlia Scantilla, dr., head bare, r., hair waved and fastened in large bun on back of head	I V N O R E G I N A, Juno, dr., wearing *stephane*, standing front, head l., holding patera in r. hand and sceptre in l.; at her feet l., peacock standing l., head turned back; in field to r. and l., S C	BMC_V, p. 17, 32 RIC, *Didius Julianus*, 19a

Portrait of Septimius Severus

No.	Metal Size Weight	Axis	Deno-mina-tion	Obverse	Reverse	Literature
297	AE Cast 30.1 21.57	6 h	–	LSEPTSEVPE RTAVGIMP[VII], head of Septimius Severus, laur., r.	DIVIM [PIIFPM]TR PIIICOSIIPP, in ex. S C, Septimius Severus standing l., holding Victory, and spear; the emperor is crowned by Virtus standing l., holding *parazonium*	BMC_V 573f. RIC 702 Hill 70

[296] Inv. no. A 3948. Archival records: KMR 1888. A fake sestertius (pre-1900). Inappropriate, non-ancient style and lettering.

[297] Inv. no. A 2330. Archival records: IML 1118; KMR 1898. A cast copy of a sestertius (most probably the former part of the 19th century).

Portrait of Caracalla

No.	Metal Size Weight	Axis	Deno-mina-tion	Obverse	Reverse	Literature
298	AE 32.9 23.47	6 h	–	MAVRELANTON INVSPIVSAVG GERM, bust of Caracalla, dr., cuirassed, head laur, r.	P R O V I D E N T I A E D E O R V M, Providentia standing front, head l., holding wand over globe in r. hand and sceptre in l.; in field to l. and r., S C	BMC_{V}, p. 484, 271 RIC 572a Hill 1413
299	AE Cast 33.5 24.21	12 h	–	MAVRELAN TONINVS PIVSAVG[BRIT], bust of Caracalla, dr., cuirassed, head laur, r.	SECVRITATIPERPET VAE, in ex. SC, Securitas, dr., seated r., head propped on r. hand, holding sceptre in l. hand; in front of her, garlanded altar	BMC_{V}, p. 411, 248–252 RIC 512 Hill 1344

Portrait of Annia Faustina

No.	Metal Size Weight	Axis	Deno-mina-tion	Obverse	Reverse	Literature
300	AE 32.2 20.32	5 h	–	ANNIAFAVSTI NAAVGVSTA, bust of Annia Faustina, dr., wearing *stephane*, r., hair in ridges, queue at back	C O N C O R D I A, Elagabalus, togate, standing to l. and Annia Faustina, dr., standing to r., clasping their r. hands	BMC_{VI}, p. 613, 450f. RIC 399

298 Inv. no. A 4011. Archival records: KMR 1594. A crude, cast copy of a sestertius, made before 1900.

299 Inv. no. A 2385. Archival records: KMR 1996. A modern, cast copy of Caracalla's sestertius (pre-1900). Although it is not worn, images and letters are not sharp. It has an unnatural form of a crack.

300 Inv. no. A 4383. Archival records: Lubomirski Æ, 265; Collection 1829, fol. 101, no. 20/47; KMR 2055. Donated by Prince Henryk Lubomirski, 1828. Possibly, a very heavily reworked Roman sestertius. There should be a star between the spouses. It has an erroneous style. Described as possibly fake ('zapewne fałszywy') by Krasicki, but inventoried by Kętrzyński as ancient and valued at '1000 fr.' according to Cohen.

Renaissance 'medallions' types (bronze)

Portrait of Pertinax (Septimius Severus' commemorative series)

No.	Metal Size Weight	Axis	Denomination	Obverse	Reverse	Literature
301	AE Cast 32.5 15.58	12 h	–	DIVVS PERT PIVS PATER, bust of Pertinax, dr., head bare, r.	CONSECRATIO, eagle standing front on globe, head l.; in field, to r. and l., S C	BMC_V, p. 120, 479f. RIC 660B–C Hill 14

Portrait of Macrinus

No.	Metal Size Weight	Axis	Denomination	Obverse	Reverse	Literature
302	AE Cast 35.2 26.21	6 h	–	IMP [CAE]S M OPEL SEV MACRINVS [AVG P M] TR P P, bust of Macrinus, dr., cuirassed, head laur., r.	FID·EXERCIT, Macrinus, naked but for cloak, standing on dais, turned l., raising r. hand to address the soldiers; three soldiers standing near podium, to l., turned r., the one at the front and the one at the back holding legionary eagles; in field to l., S, to r. A (barely visible)	Pavlos S. Pavlou online sale (see link in the note)

[301] Inv. no. A 4012. Archival records: IML 1105; KMR 1882. A copy of a Renaissance or Renaissance-like imitation of Pertinax's commemorative sestertius cast in a two-part mould. Evidence of casting: casting bubbles on the surface, a trace of a casting sprue and a trace of the joining of the parts of mould on the edge. The style and lettering is not ancient. The shape is too regular and the weight is inappropriate. I wish to thank Professor Giovani Gorini for consultation regarding this specimen.

[302] Inv. no. A 4244. Archival records: Lubomirski Æ, 261–262; Collection 1829, fol. 101, no. 20/22–23; KMR 2028. Donated by Prince Henryk Lubomirski, 1828. A cast copy of Cavino's Renaissance 'medallion'. Described as dubious ('wątpliwa') by Krasicki and 'false?' ('fałszywa?') by Kętrzyński. There were two medallions of this type in Lubomirski's collection. Link to the online auction: https://www.vcoins.com/en/stores/pavlos_s_pavlou_numismatist/131/product/romanmacrinus_ad_217218aemedallion_after_giovanni_cavino_15001570early_19th_cent_ad/224165/Default.aspx (accessed on 6 March 2015).

INDICES AND CONCORDANCES

INDEX OF EMPERORS AND THEIR RELATIVES

INDEX OF REVERSE TYPES

INDEX OF LEGENDS

GENERAL INDEX

RIC – Cat. nos. – CONCORDANCE

RIC	Cat. no.
Pertinax	
3	2
8a	3
11b	1
Didius Julianus	
1	4–5
Clodius Albinus	
1	37–39
2	41–42
7	43–44
11a	40
61b	45
Septimius Severus	
18	6
22	7–8
24	9
32	10
37	11
38	12
43	14
49	13
56	15
58	16
68	245
69	17
78a	18–19
81a	20
87	24
88a	23
92a	22
104	272
106	21
118	25, 246
125	49
136	50
144b	277
150	51
153	247

RIC	Cat. no.
167a	52
189b	53
196	59–60
200	61
226	63
234	264
236	68
261	58
265	54–56
267a	57
278a	263
288	64–67
308	62
377	26
383	27
386	28
389	29–30
413	31
490a	32
500	273
503a	69
652	33
670	34
728	35
804	70
Septimius Severus (Julia Domna)	
551	73, 248
557	74
559	72
560	71
615	36
640	274
646	75
877	76–77
888	78
Caracalla	
4	46
9	47
29	88

RIC	Cat. no.
54b	89
83	93
88	94
100	266
135	92
144b	90–1
179	95, 265
192	106
196	107
206a	108
208	109
222	110
224	113–114
240	116
260b	117
263	118
280c	119
307	111–112
312d	115
341	96
404	48
490	97
532a	120
533	121
538a	122
568b	123
Caracalla (Plautilla)	
362	99
367	100–101
369	102
Caracalla (Julia Domna)	
373A	124
388c	127
391	125–126
605A	128
Geta	
1	80
2	79, 252
9b	81

RIC	Cat. no.
15b	82
20b	83
34b	86
38a	85
51	87
59b	267
69b	104
70a	105
70b	103
101	84
103	260
107	261
Macrinus	
27	250
62	268
87	249
Macrinus (Diadumenian)	
108	269
117	270
212	129
Elagabalus	
19	271
71	130
73	131
78	132
88	252
107	138
130 var.	251
131	133
146	134
161	135–137
191	139
368	140
Elagabalus (Julia Maesa)	
249	141
259	275
268	142–143, 255
271	144–145
417	146

RIC	Cat. no.
Elagabalus (Julia Soaemias)	
241	253
243	254
Elagabalus (Julia Paula)	
211	147, 262
Elagabalus (Aquilia Severa)	
225	148
Severus Alexander	
35	152
42	153
49	158
55	163
64	164–165
102	169
114	258
127	160–161
133	162, 257
139	154, 156–157
139A	155
148	149
160	150
165	151
180	256
182	159
184	168
219	170
224	166–167
239	171
246	172
254	173–174
294	276
302	175
420	176
439	178
440	180
441	181
459	184–185

RIC	Cat. no.
464	186
465	187
473	188–189
498	192
500	194
503	195
535	218
538	219
541	220
549	198–200
560	177
563	193
583	179
592	182
602	191
616	196–197
618	201
619	202
625	190
628	203
635	205
635d	206–209
642	210–212
643	213–214
645	204
648	215–216
650	217
Severus Alexander (Julia Mamaea)	
335	225
343	221–222
358	226
362	223–224
676	233–234
677	235
679	236
680	237–238
694	228
701	229–230
704	227
709	231
710	232

RIC	Cat. no.
Severus Alexander (Orbiana)	
319	239
Modern and doubtful	
Didius Julianus (Scantilla)	
19a	296
Septimius Severus	
288	280
660B–C	301
702	297
Septimius Severus (Pertinax)	
660B–C	301

RIC	Cat. no.
Macrinus	
–	302
Caracalla	
6	292
96	282
144b	281
223	293
224	279
251	283
512	299
572a	298
Geta	
8	284
13a	294
38a	285

RIC	Cat. no.
Elagabalus (Annia Faustina)	
399	300
Severus Alexander	
19	290
42	291
44	287
105	295
165	286
218	288

L'VIV – WROCŁAW – Cat. nos. – CONCORDANCE

L'viv KMR	Wrocław A	Cat. no.
1594*	4011	298
1882	4012	301
1883	–	–
1884	2283	3
1885	see below	
1886	see below	
1887	4043	4
1888	3948	296
1889	–	–
1890	2278	41
1891	2279	43
1892	2280	44
1893	2281	37
1894	2282	45
1895	–	–
1896	2285	273
1897	2286	69
1898	2330	297
1899	see below	
1900	2287	58
1901	2288	27
1902	2302	26
1903	2290	28
1904	2295	18
1905	2291	56
1906	2293	55
1907	2292	54
1908	2294	57
1909	2289	30
1910	2303	29
1911	2329	33
1912	2308	20
1913	2299	263
1914	–	–
1915	2331	34
1916	2307	25
1917	2304	31
1918	3858	13
1919	3857	17
1920	2305	24
1921	2306	272

L'viv KMR	Wrocław A	Cat. no.
1922	2316	32
1923	2318	50
1924	2317	51
1925	2314	53
1926	2309	59
1927	2310	60
1928	2311	61
1929	2315	63
1930	–	–
1931	2313	264
1932	2312	68
1933	2382	35
1934	2320	22
1935	2319	52
1936	2297	64
1937	2300	66
1938	2301	67
1939	2298	65
1940	2327	15
1941	2323	8
1942	2324	12
1943	2321	277
1944	2322	9
1945	2325	62
1946	2332	36
1947	2339	124
1948	2333	248
1949	2334	73
1950	2343	76
1951	2344	77
1952	2335	74
1953	2336	72
1954	–	–
1955	2337	71
1956	3868	289
1957	see below	
1958	–	–
1959	–	–
1960	2338	75
1961	2346	128
1962	–	–

L'viv KMR	Wrocław A	Cat. no.
1963	2340	127
1964	2345	78
1965	2341	126
1966	2342	125
1967	–	–
1968	2347	292
1969	2349	47
1970	2353	92
1971	2364	110
1972	2354	111
1973	2355	112
1974	2365	114
1975	–	–
1976	2368	89
1977	–	–
1978	2360	106
1979	2361	107
1980	2362	109
1981	2363	108
1982	–	–
1983	2357	116
1984	2382	120
1985	2379	121
1986	2358	118
1987	2367	283
1988	2380	122
1989	2369	119
1990	2381	123
1991	2352	93
1992	2351	94
1993	2370	282
1994	2371	266
1995	2350	88
1996	2385	299
1997	2384	48
1998	2348	46
1999	2374	97
2000	2356	115
2001	2383	98
2002	2372	90
2003	–	–

L'viv	Wrocław	Cat. no.
KMR	A	
2004	2373	265
2005	2375	100
2006	–	–
2007	2389	284
2008	2386	259
2009	2387	79
2010	2388	80
2011	2395	260
2012	2402	86
2013	2390	267
2014	2399	104
2015	2400	105
2016	2401	103
2017	2392	82
2018	2396	87
2019	2393	83
2020	2394	261
2021	2397	84
2022	2391	85
2023	2398	285
2024	2404	268
2025	–	–
2026	2406	250
2027	2405	249
2028	4244	302
2029	4312	129
2030	–	–
2031	2407	269
2032	–	–
2033	2418	130
2034	2408	131
2035	2409	139
2036	2410	252
2037	–	–
2038	–	–
2039	–	–
2040	2412	138
2041	–	–
2042	2419	271
2043	2413	251
2044	2411	133
2045	2414	134
2046	2415	135
2047	2416	137

L'viv	Wrocław	Cat. no.
KMR	A	
2048	2417	136
2049	Provincial (Laodikeia ad Mare): A 4256	
2050	2421	147
2051	2422	262
2052	2432	148
2053	–	–
2054	–	–
2055	4383	300
2056	2423	253
2057	2424	254
2058	2425	141
2059	2426	275
2060	2428	255
2061	2427	142
2062	2431	146
2063	2429	144
2064	2430	145
2065	2443	168
2066	2444	161
2067	2433	160
2068	2434	162
2069	2435	257
2070	2458	200
2071	2459	198
2072	2460	199
2073	2437	157
2074	2436	154
2075	2438	155
2076	2457	156
2077	2453	171
2078	2462	203
2079	2463	177
2080	2461	193
2081	2445	149
2082	2464	179
2083	2452	172
2084	2465	206
2085	2466	205
2086	2467	207
2087	2468	208
2088	2469	209
2089	2439	150
2090	2441	286

L'viv	Wrocław	Cat. no.
KMR	A	
2091	2440	151
2092	2470	182
2093	2451	290
2094	2450	291
2095	2449	287
2096	2448	158
2097	2471	180
2098	2472	181
2099	2447	163
2100	2473	183
2101	2474	189
2102	2446	164
2103	5849	184
2104	2476	186
2105	2475	187
2106	2477	188
2107	2456	295
2108	3932	192
2109	2455	169
2110	2478	194
2111	2479	195
2112	2480	218
2113	2454	258
2114	–	–
2115	2481	219
2116	2482	220
2117	2483	178
2118	2442	276
2119	2484	210
2120	2485	212
2121	2488	211
2122	2486	213
2123	2487	214
2124	2489	204
2125	2490	191
2126	2497	173
2127	2491	216
2128	2492	217
2129	2501	175
2130	2503	256
2131	2504	170
2132	2505	288
2133	–	–
2134	2493	196

L'viv	Wrocław	Cat. no.
KMR	A	
2135	2494	202
2136	2498	159
2137	2499	167
2138	2500	166
2139	2495	190
2140	–	–
2141	2507	239
2142	2509	225
2143	2513	233
2144	2514	234
2145	2515	235
2146	2516	236
2147	2517	238

L'viv	Wrocław	Cat. no.
KMR	A	
2148	2518	237
2149	2508	221
2150	2510	222
2151	2519	228
2152	2520	229
2153	2521	230
2154	2522	227
2155	–	–
2156	–	–
2157	3954	232
2158	2523	231
2159	2511	223
2160	2512	224

Outside the collection of ancient coins in Wrocław

L'viv	Wrocław	Cat. no.
KMR	B	
1885	5590	1
1886	537	–
1899	525	–
1957	504	–

*This fake coin of Caracalla was inventoried by Kętrzyński as a Marcus Aurelius' 'medal'

APPENDICES

APPENDIX 1

Beata Miazga, PhD

The report relating to a contract to study the elemental composition of coins (Severan)

Roman coins (Severan) were subject to spectroscopic examination using an energy-dispersive X-ray fluorescence (ED-XRF) spectrometer, the Spectro Midex model (*Spectro*, *Germany*). The spectrometer is constructed of a molybdenum X-ray tube, a Si Drift detector using the Peltier cooling effect and a beryllium window. The Spectro Midex operates at a voltage equal to 45 kV and an electric current equal to 0.30 mA. The very accurate selection of the measuring point and the study of artefacts of significant sizes are possible due to the visualization system with 20-fold magnification, an X-ray radiation beam of a diameter equal to 0.7 mm and a large measurement chamber (520 × 310 × 160 mm). The analysis of the chemical composition of the samples is based on the in-built program *Fundamental Parameters*, allowing for semi-quantitative analysis of the elements with an atomic number greater than 22.

Three areas of examination were selected for the coins, which were agreed with the representative of the Ossolineum: samples of filings, the untreated surface of the coin and its edge (Fig. 1). Filings were collected by drilling into the lateral edge of the coin with a drill with a diameter of 0.5 mm and to a depth of 3–5 mm (Fig. 2). Both the surfaces and the edges of coins are not representative areas, since they have been changed because of the processes of oxidation of metals in their alloy (Fig. 3). The study of samples (filings) taken from only one drill is also subject to error due to possible alloy inhomogeneities within the coins, (this is a frequent phenomenon in the case of coins with a confirmed archaeological provenance).

The data collected in Table 1 shows that coins (except coin A 4010 – cat. no. 274) were made of an alloy of silver and copper, and other metals have a smaller share (less than 1% of their weight), and their presence is connected with insufficient cleaning or the presence of contaminants deposited over time.

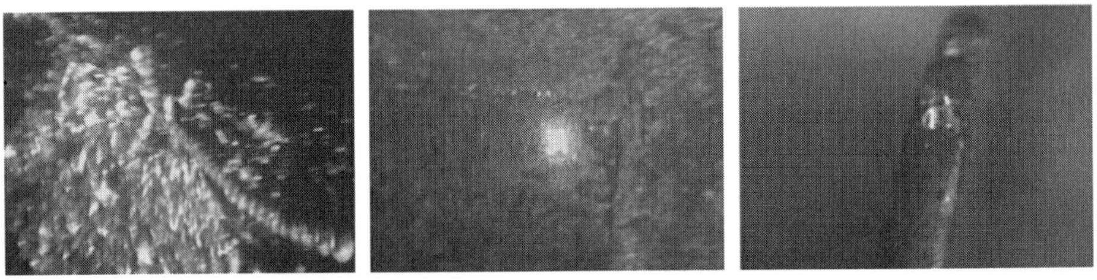

Figure 1. Microscopic image from the visualisation system Spectro Midex, presenting the examined areas of coin A 3866 – cat. no. 244 (filings, surface and edge).

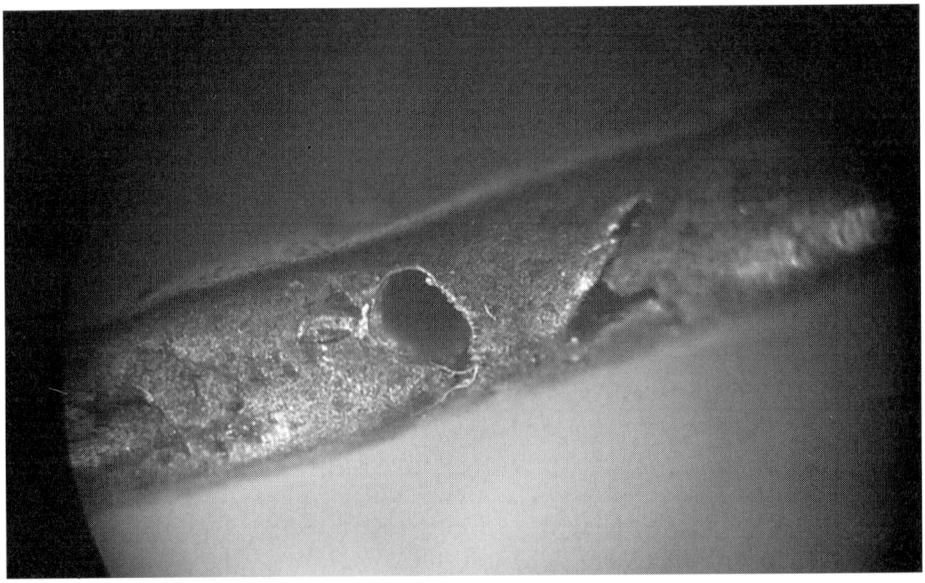

Figure 2. Microscopic image of drilled edge of coin A 2337 – cat. no. 71 (32-fold magnification).

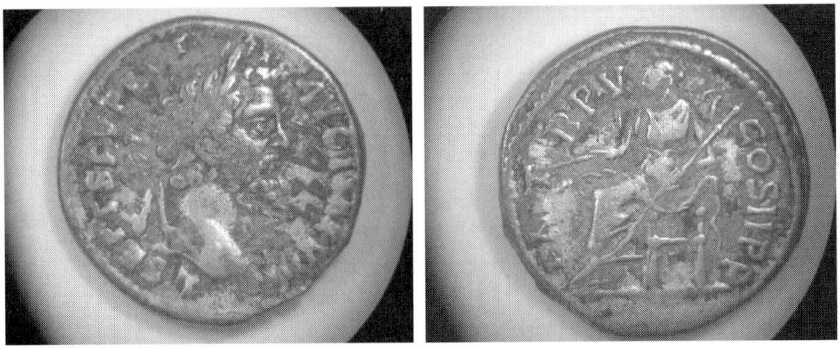

Figure 3. Microscopic image of the surface of coin A 2316 – cat. no. 32 (8-fold magnification).

Description of sample	Fe	Co	Ni	Cu	Ag	Au	Pb	Sn	Sb	Zn	As
A2316 (Cat. no. 32)											
Filings – average of 7 measurements	0.4	400*	0.2	55.58	43.23	0.3	n.d.	n.d.	n.d.	n.d.	n.d.
Surface – average of 4 measurements	0.4	400*	0.2	53.88	44.87	0.3	n.d.	n.d.	n.d.	n.d.	n.d.
Edge of coin near drilling – average of 4 measurements	0.3	300*	0.1	34.85	64.09	0.5	n.d.	n.d.	n.d.	n.d.	n.d.
A2337 (Cat. no. 71)											
Filings – average of 4 measurements	0.5	100*	400*	51.68	47.37	0.3	n.d.	n.d.	n.d.	n.d.	n.d.
Edge of coin near drilling – average of 6 measurements	0.2	100*	300*	47.57	51.65	0.4	n.d.	n.d.	n.d.	n.d.	n.d.
Surface – average of 4 measurements	0.1	100*	200*	43.93	55.51	0.4	n.d.	n.d.	n.d.	n.d.	n.d.
A3866 (Cat. no. 244)											
Filings – average of 6 measurements	0.2	100*	300*	56.29	42.99	0.3	n.d.	n.d.	n.d.	n.d.	n.d.
Edge of coin near drilling – average of 6 measurements	0.1	100*	200*	44.45	54.54	0.5	n.d.	n.d.	n.d.	0.2	n.d.
Surface – average of 4 measurements	0.2	100*	200*	40.49	58.13	0.5	n.d.	n.d.	n.d.	0.4	n.d.
A4010 (Cat. no. 274)											
Surface – average of 2 measurements	0.2	200*	500*	74.72	500*	n.d.	3.2	20.96	0.1	n.d.	0.3
Filings – average of 2 measurements	0.3	300*	0.1	76.86	600*	n.d.	3.2	18.16	0.1	n.d.	0.2
A6017 (Cat. no. 23)											
Filings – average of 6 measurements	0.1	100*	300*	53.39	46.00	0.3	n.d.	n.d.	n.d.	n.d.	n.d.
Edge of coin near drilling – average of 4 measurements	1.7	100*	100*	18.68	79.01	0.5	n.d.	n.d.	n.d.	n.d.	n.d.
Surface – average of 4 measurements	0.3	100*	100*	20.74	78.21	0.6	n.d.	n.d.	n.d.	n.d.	n.d.

*Estimated content of metals in ppm.

Metals below the level of detection according to the *Fundamental Parameters Program*: As <0.05%, Pb <0.02%, Sn <0.02%, Sb <0.05%, Zn <0.01%, Au <0.02% (in Table as 'n.d.')

Table 1. Chemical composition of examined coins.

Translated by Adam Degler

APPENDIX 2

Barbara Wagner, PhD

Report from the examination of the elemental composition of gold coins

Project description

The aim of this work was to undertake a detailed investigation of the composition of two coins by means of a minimally invasive method. The analyses were performed by means of the LA-ICP-MS method (*Laser Ablation Inductively Coupled Plasma Mass Spectrometry*) with the registering of transient signals of the selected isotopes. The list of the inspected isotopes is given in Table 1, together with the operating parameters for LA-ICP-MS.

ICP-MS operating parameters	
Plasma power	1045 W
Flow of the carrier gas (Ar)	1.03 L min^{-1}
Number of sweeps	1
Number of replicates	425
Number of repetitions	1
Total time of analysis	2 min 8 s
Dwell time	10 ms
LA operating parameters	
Laser wavelength	213 nm
Energy of laser	5 mJ
Method of ablation	spot ablation
List of observed isotopes: ^{26}Mg, ^{27}Al, 45Sc, ^{49}Ti, ^{51}V, ^{53}Cr, ^{55}Mn, ^{57}Fe, ^{59}Co, $^{60-61}Ni$, ^{65}Cu, ^{66}Zn, ^{69}Ga, ^{72}Ge, ^{75}As, ^{89}Y, ^{90}Zr, ^{93}Nb, ^{95}Mo, ^{101}Ru, ^{103}Rh, ^{105}Pd,^{109}Ag, ^{111}Cd, ^{115}In, ^{118}Sn, ^{121}Sb, ^{133}Cs, ^{139}La, ^{140}Ce, ^{141}Pr, ^{146}Nd, ^{147}Sm, ^{153}Eu, ^{155}Gd, ^{159}Tb, ^{161}Dy, ^{165}Ho, ^{166}Er, ^{169}Tm, ^{173}Yb, ^{175}Lu, ^{179}Hf, ^{181}Ta, ^{183}W, ^{185}Re, ^{189}Os, ^{193}Ir, ^{195}Pt, ^{197}Au, ^{202}Hg, ^{205}Tl, ^{208}Pb, ^{209}Bi, ^{232}Th, ^{238}U	

Table 1. The LA-ICP-MS operating parameters.

Measuring system

Laser Ablation Inductively Coupled Plasma Mass Spectroscopy (LA-ICP-MS) was choosen as the measuring system.

An Inductively Coupled Plasma Mass Spectrometer NEXION 300D (Perkin Elmer SCIEX, Canada; www.perkinelmer.com) equipped with the laser ablation system LSX-213 (CETAC, USA; www.cetac.com) was used. The LSX laser ablation systems combine stable, environmentally sealed 213 nm UV lasers (Nd-YAG, solid state, Q-switched) with a high sampling efficiency, a variable 1 to 20 Hz pulse repetition rate and a maximum energy up to 5 $mJ \cdot puls^{-1}$ (LSX-213). All experiments were performed using Ar as the carrier gas. Instrumental settings and data acquisition parameters are given in Table 1.

The LA-ICP-MS method is characterized by high sensitivity and low detection limits, so it is widely used for the determination of major and trace elements as well as isotopic ratios in solid samples.

The aerosol containing particles of the sample is created because of the laser ablation, then transported in the carrier gas (Ar) and introduced into the plasma, when the ionization of the individual elements takes place. The principle of the mass spectrometer involves generation of ions, which are then separated according to their mass to charge ratio (m/Q).

Results

A standard glass NIST SRM 610 was used as the external standard. Transient signals were recorded and evaluated for subsequent elemental quantification. The LA-ICP-MS signals were background corrected and integrated using the LAMTRACE program. The final quantitative results are given after normalization to 100% for the particular points of measurement and calculation of the average values, followed with the information about the standard deviation (*SD*) for each coin.

Figure 1 contains the results as well as the values of the standard deviation (SD) and information on the obtained limits of detection (*LOD*) for each analysed element. The other elements indicated in the list of Table 1 were below the *LOD*s for LA-ICP-MS. The values of *LOD*s were calculated in relation to the average signal recorded during the flow of carrier gas (Ar) through the ablation cell and values of the standard deviation for particular elements were calculated using the following formula:

$$LOD = Mean\ (Blank) + 3 \cdot SD\ (Blank),$$

where: *LOD* is the lowest content of a given element that can be detected by means of LA-ICP-MS during the given day; the *Mean (Blank)* represents the mean value of the recorded signal for a given element during the flow of carrier gas (Ar) through the ablation cell before the beginning of the ablation, and the *SD (Blank)* is the standard deviation calculated for the average value of the recorded signal for each particular element during the flow of carrier gas (Ar) through the ablation cell before the start of laser ablation.

Coin	Photograph of micro-sampling area	Transient signal for Al	Transient signal for Ag	Transient signal for Au
A 6273a	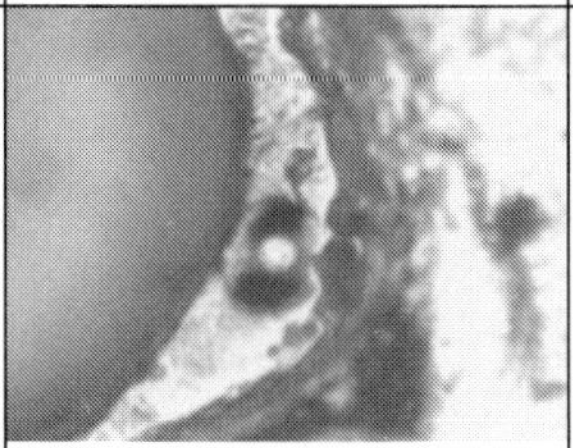	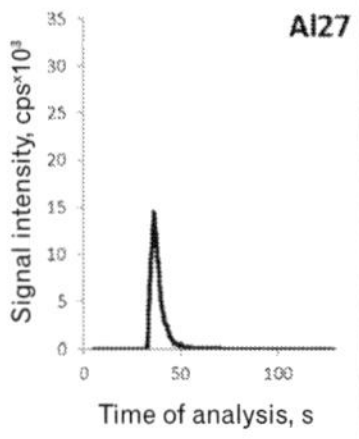	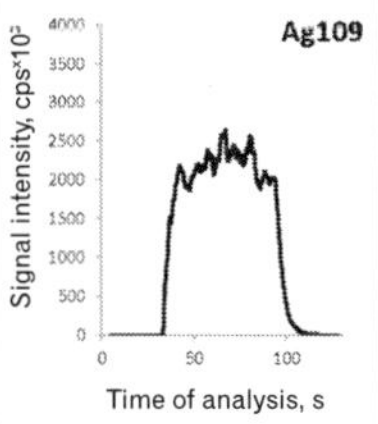	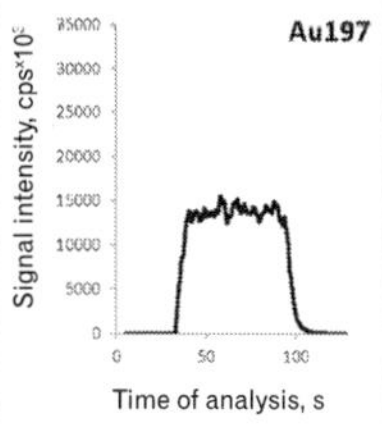
A 6273b	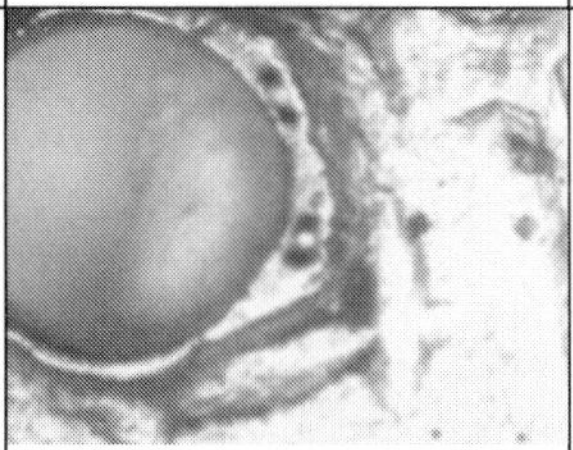	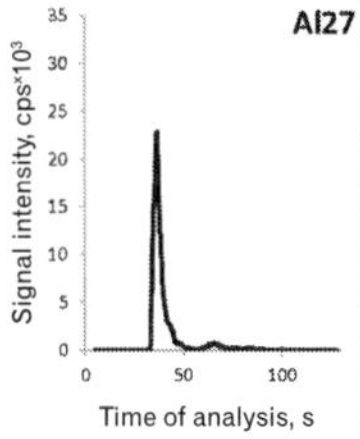	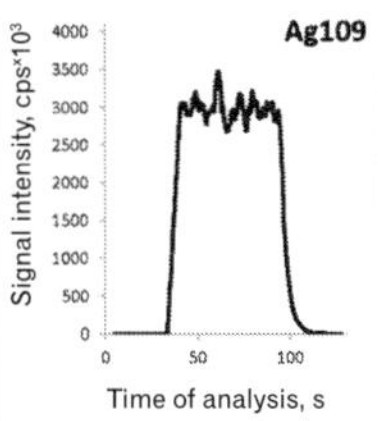	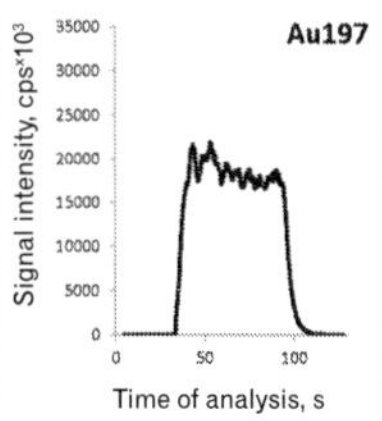
A 6273c	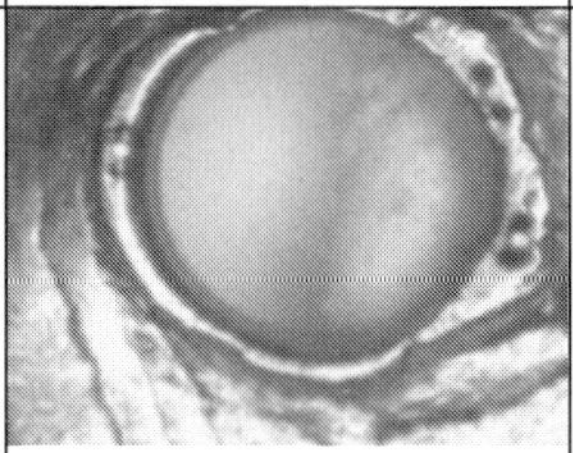	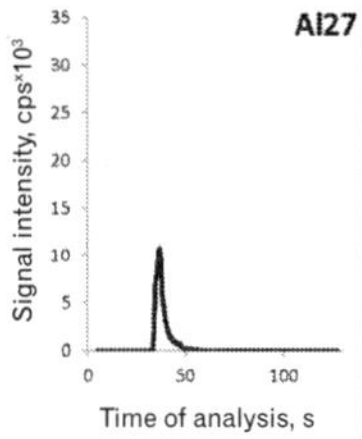	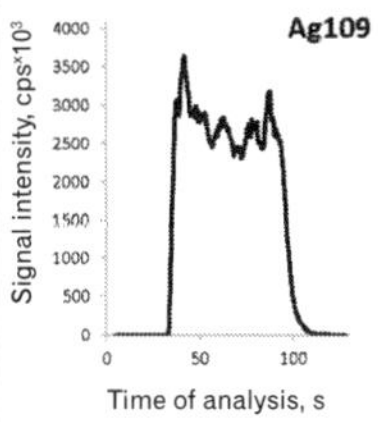	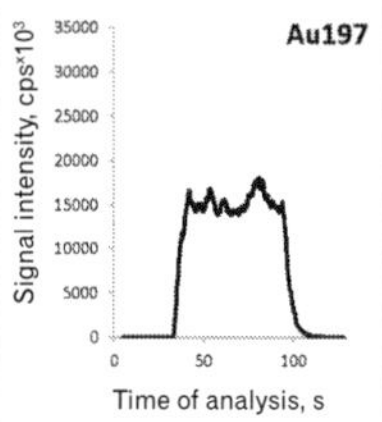
A 6272a	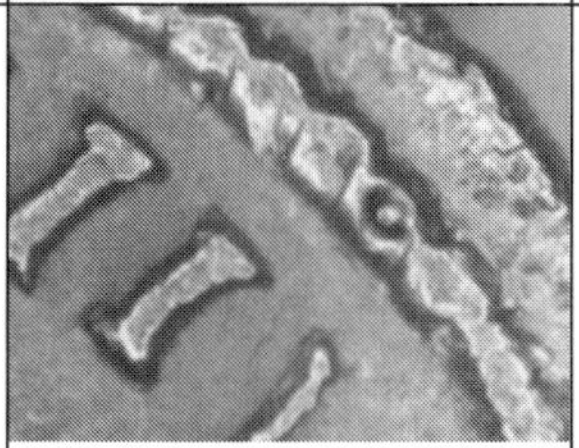	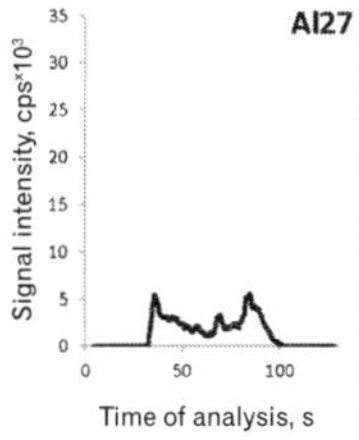	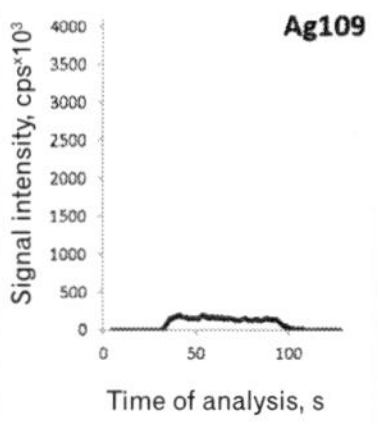	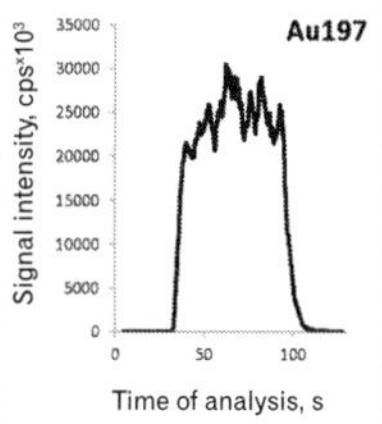
A 6272b	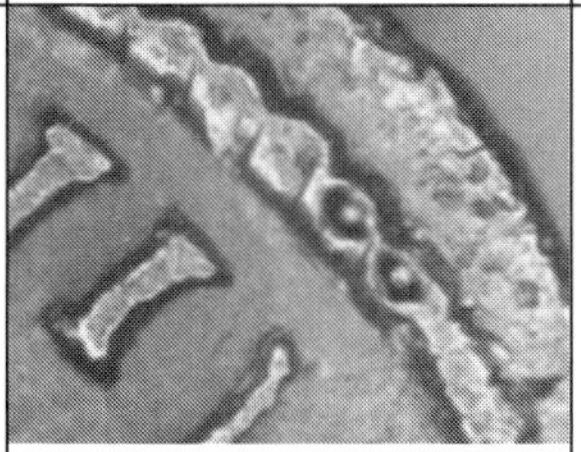	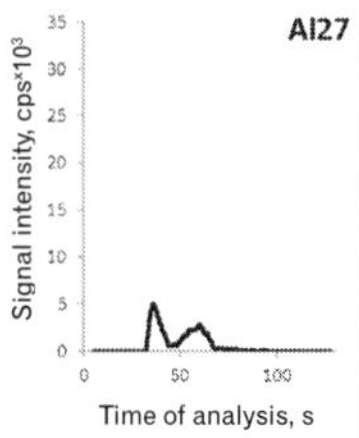	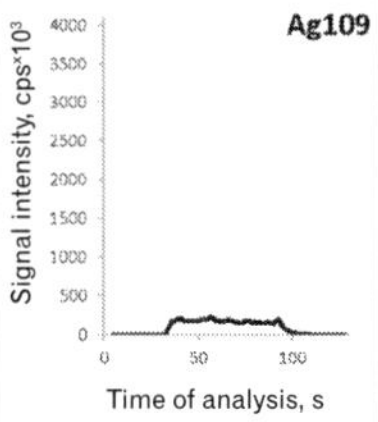	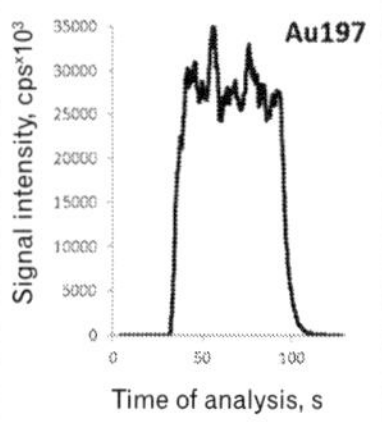
A 6272c	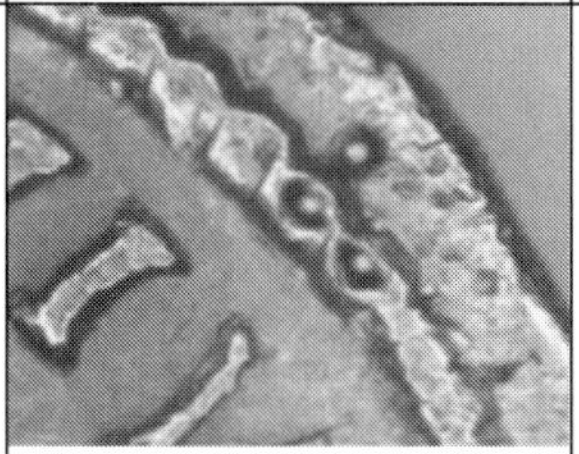	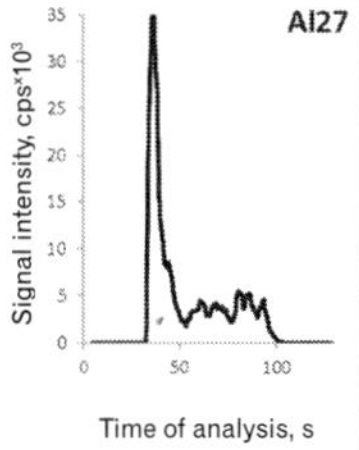	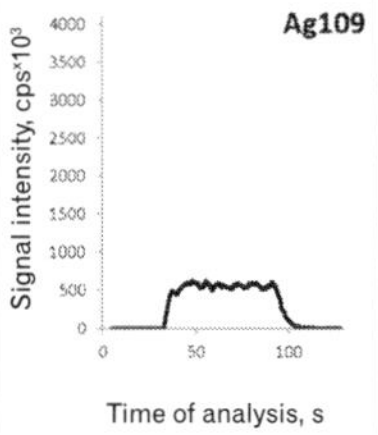	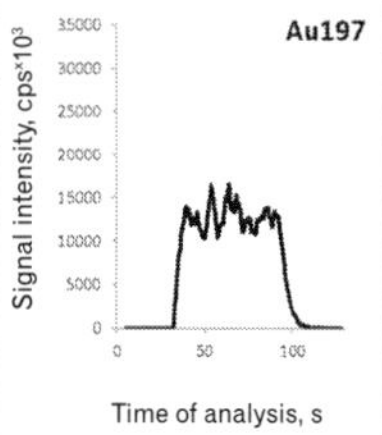

Coin	Photograph of micro-sampling area	Transient signal for Al	Transient signal for Ag	Transient signal for Au
A 6272d	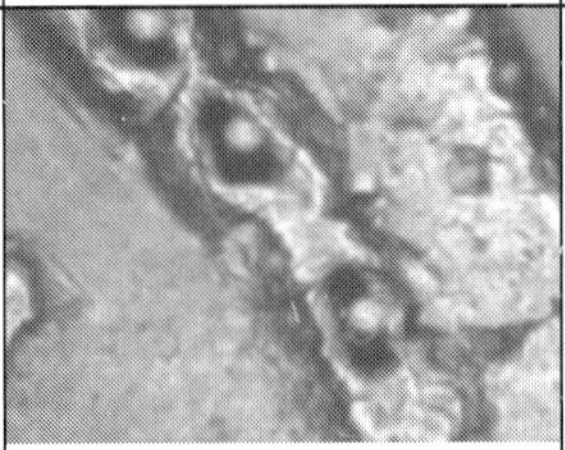	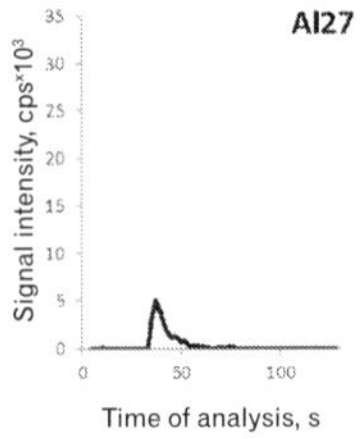	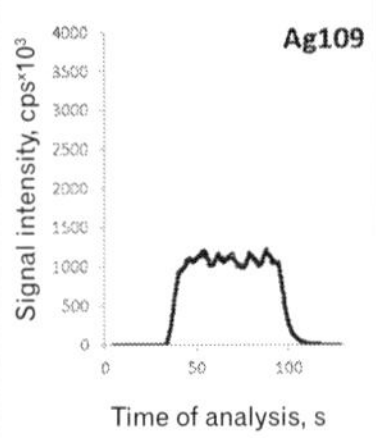	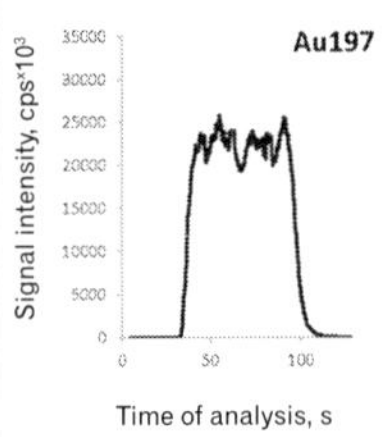

Figure 1. The variations of signals' intensities recorded for the selected isotopes in the individual points of measurements (A 6272 – see: the last Table at the end of the catalogue; A 6273 – cat. no. 278).

Selection of the range of integration of signals recorded during the laser ablation (LA)

Element	Measured isotope	*LOD* [µg/g]	A 6273	*SD*	A 6272a	*SD*	A 6272b	*SD*
Al	27	0.550	6.6	3.5	<226		<248	
Ti	47	1.660	<*LOD*		7.3	4.5	<*LOD*	
Mn	55	0.782	71.6	39.9	2.9	0.7	7.2	0.4
Fe	57	22.40	361	175	159	54	594	407
Co	59	0.161	<*LOD*		1.7	0.5	1.9	1.4
Ni	61	14.60	19.0	10.0	51.6	3.9	<*LOD*	
Cu	65	0.900	**1.54***	**0.16***	**0.82***	**0.01***	**1.50***	**0.01***
Zn	66	3.760	502	70	302	41	378	27
Mo	95	0.406	<*LOD*		0.1	0.0(3)	<*LOD*	
Rh	103	0.099	<*LOD*		0.6	0.3	0.5	0.0(1)
Pd	105	0.436	7.4	1.0	43.3	8.5	24.5	10.4
Ag	109	0.342	**22.75***	**0.43***	**1.25***	**0.02***	**7.49***	**0.58***
Sn	118	0.421	26.4	1.4	82.8	7.7	85.4	28.5
Sb	121	0.252	10.1	1.4	7.1	1.7	2.9	0.9
Sm	147	0.122	7.7	0.3	0.5	0.0(1)	2.8	0.2
Hf	179	0.049	<*LOD*		0.1	0.0(3)	<0.1	
W	183	0.075	<*LOD*		0.09	0.02	<*LOD*	
Pt	195	0.087	27.7	1.8	263	55	52.4	16.3
Au	197	0.227	**75.64***	**0.60***	**97.80***	**0.04***	**90.87***	**0.33***
Tl	205	0.035	<*LOD*		0.2	0.0(1)	<*LOD*	
Pb	208	0.143	62.9	7.2	63.0	18.1	23.1	0.0(03)
Bi	209	0.014	2.7	0.5	1.5	0.3	1.5	0.1

*Contents given in weight %

Table 2. The multi-elemental LA-ICP-MS results of the analysed coins.

Replicated single point ablations at locations selected on the coins surface were carried out on each sample. Transient signals were recorded and evaluated for subsequent elemental quantification. Mono-isotopic aluminium (Al) was selected as the indicator of possible changes of the elemental composition of the surface of coins, which do not reflect the original composition of the alloy. The variations of signals' intensities recorded for Al for each individual measurement points are represented on the charts in Figure 1.

Element	Measured isotope	*LOD* [µg/g]	A 6273	*SD*	A 6272a	*SD*
Al	27	0.550	6.6	3.5	<248	
Ti	47	1.660	*<LOD*		<11.8	
Mn	55	0.782	71.6	39.9	5.1	2.5
Fe	57	22.40	361	175	376	346
Co	59	0.161	*<LOD*		1.8	0.9
Ni	61	14.60	19.0	10.0	<45.5	
Cu	65	0.900	**1.54***	**0.16***	**1.16***	**0.40***
Zn	66	3.760	502	70	340	52
Mo	95	0.406	*<LOD*		<0.01	
Rh	103	0.099	*<LOD*		0.5	0.2
Pd	105	0.436	7.4	1.0	33.9	13.3
Ag	109	0.342	**22.75***	**0.43***	**4.38***	**3.61***
Sn	118	0.421	26.4	1.4	84.1	17.1
Sb	121	0.252	10.1	1.4	5.0	2.7
Sm	147	0.122	7.7	0.3	1.7	1.3
Hf	179	0.049	*<LOD*		<0.1	
W	183	0.075	*<LOD*		<0.18	
Pt	195	0.087	27.7	1.8	157.9	126.3
Au	197	0.227	**75.64***	**0.60***	**94.34***	**4.0***
Tl	205	0.035	*<LOD*		<0.02	
Pb	208	0.143	62.9	7.2	43.0	25.3
Bi	209	0.014	2.7	0.5	1.5	0.2
* Contents given in weight %						

Table 3. Averaged results of the determination of the bulk elemental composition of the analysed coins.

Explanation

The uniform scale used in the charts was determined by the highest intensity of the recorded signal and maintained on the same level for all samples of every element to allow for the comparison of the signals recorded in the individual micro-sampling areas. The high intensity of the signal recorded for aluminium (Al) in the beginning of ablation and declining rapidly with every second of the measurement indicates surface contamination, however, the subsequent increasing of the signal intensity recorded for Al in the next seconds reflects the composition of the inner layers of coin's alloy and is not connected with the presence of surface contamination. The signals were integrated after the decrease of signal intensity recorded for Al (in a time-span ranging from 65 to 95 seconds of measurement), comprising more than 100 partial measurements for individual ablation areas. The results of the LA-ICP-MS measurements presenting recalculated content of each element are listed in Table 2.

The A 6272 coin was measured four times, and the A 6273 (cat. no. 278) coin was measured three times. As far as the sample of the A 6273 coin is concerned, measurements were repeated three times and the results given in the table are the mean values of all of them. As regards the A 6272 coin, there are the mean values of two coherent measurements made at different points of the sample, due to the considerable differences in the composition of the alloy in these ablation areas: the difference in the content of Au is as high as 7% of the total weight, Ag – 6%, Pt – c. 200 μg/g and Pb – c. 40 μg/g. The existing differences are not the result of measurement errors, but different elemental composition in various parts of the coin. However, the results in Table 3 are presented as the mean values for all four measurements of the sample of the A 6272 coin, which emphasises the high standard deviation values for elements for which the results were significantly different. Based on the record of the variability of the signals, I do not think that it is justified to draw the mean value.

The discussion of the results is given below in the form of charts and lists presenting the results obtained for the individual areas of ablation.

Figure 3 contains charts showing the partial results for each measuring point of the examined coins. These results allow for an accurate assessment of the diversity in the content of individual elements and confirm that it is possible to indicate three different alloys exclusively based on the analysis of the content of major elements (Au, Ag and Cu):

1) A 6272a – A 6272b;
2) A 6272c – A 6272d;
3) A 6273a – A 6273b – A 6273c (cat. no. 278).

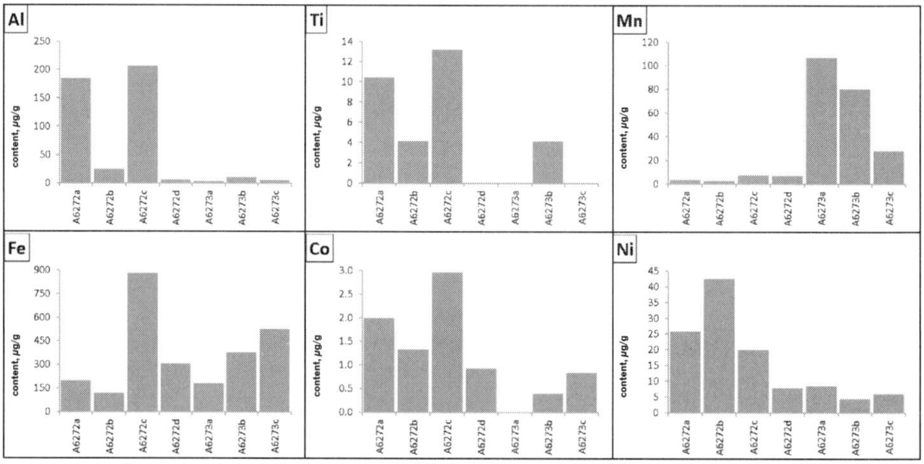

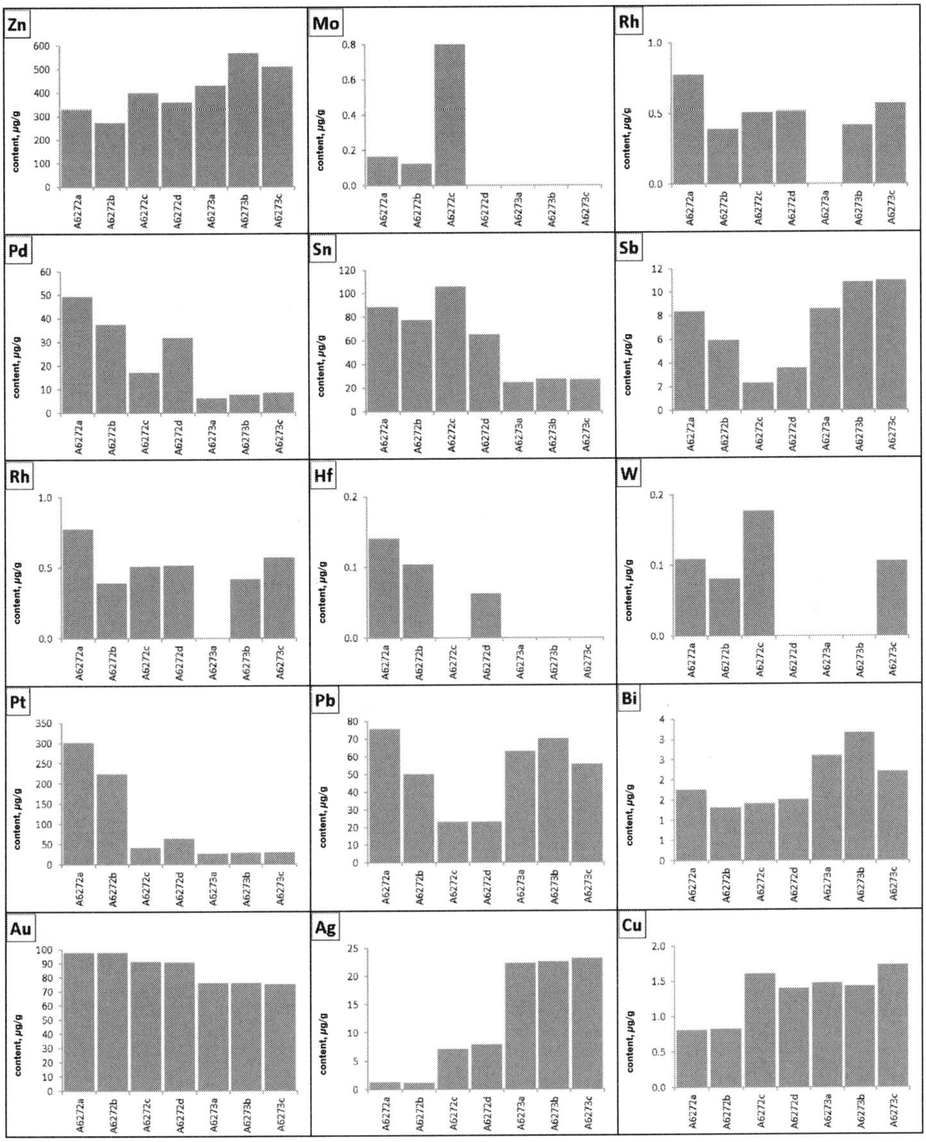

Figure 3. The comparison of the content of given elements in different areas of micro- -sampling.

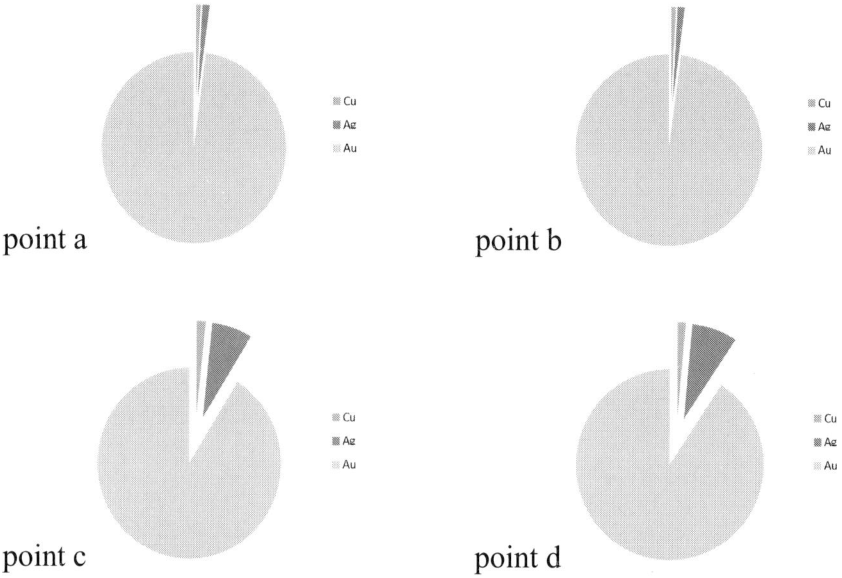

Figure 4. Comparison of the content of the main elements in the alloy of coin A 6272 analysed in different points.

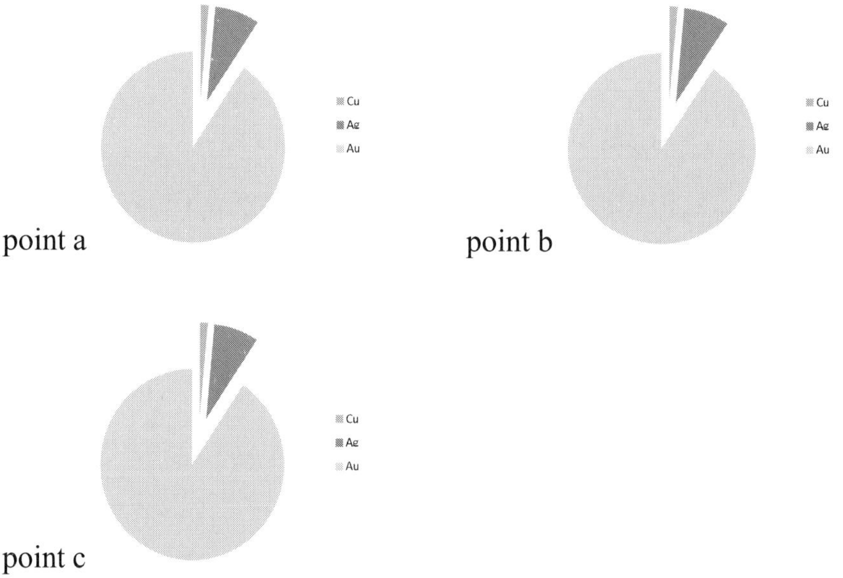

Figure 5. Comparison of the content of the main elements in the alloy of coin A 6273 (cat. no. 278) analysed in different points.

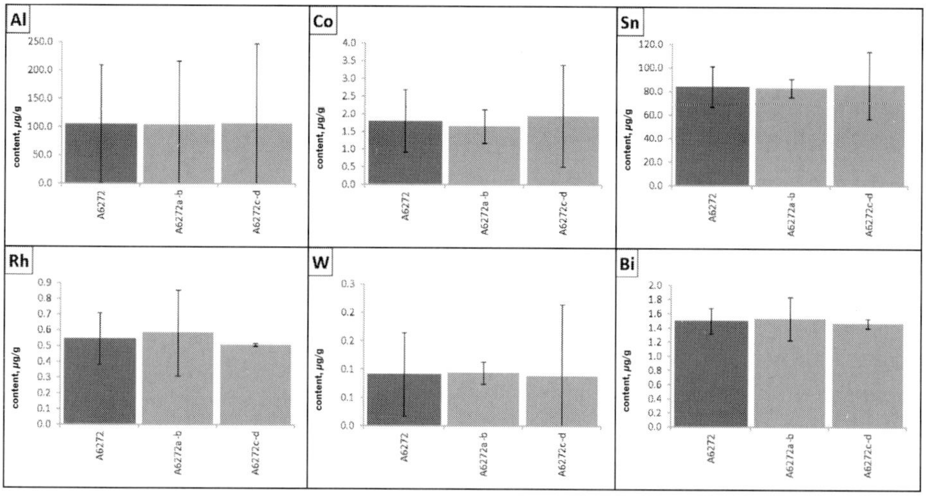

Figure 6. Examples of elements for which the data obtained from the ablation of the selected areas marked (A 6272a-b) and (A 6272c-d) can be averaged as A 6272 median values on the charts below, without decrease in the reliability of the results.

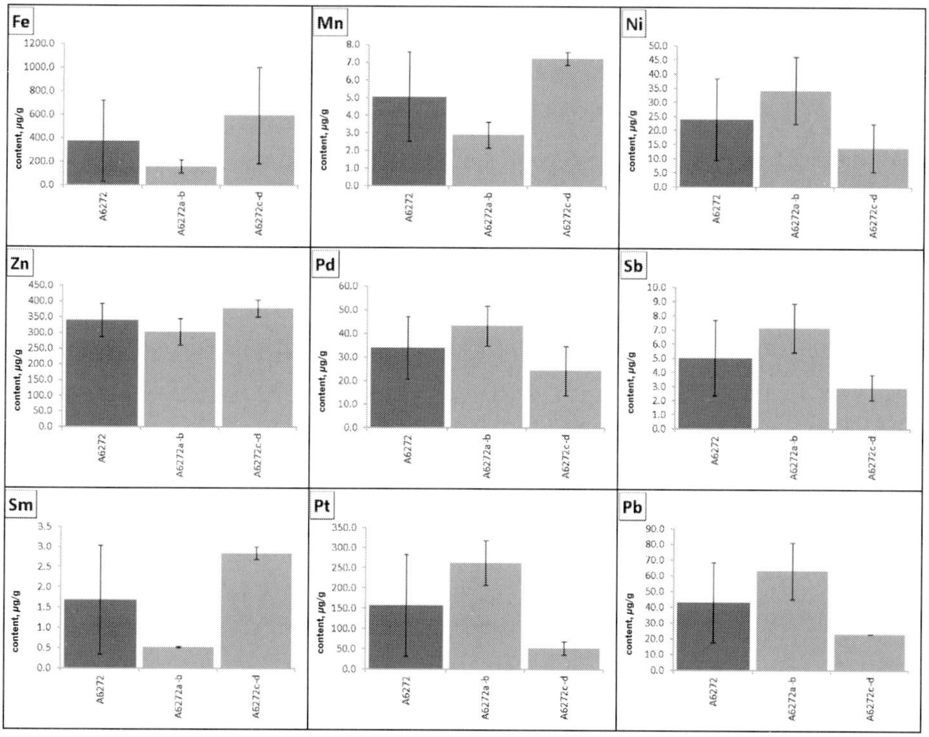

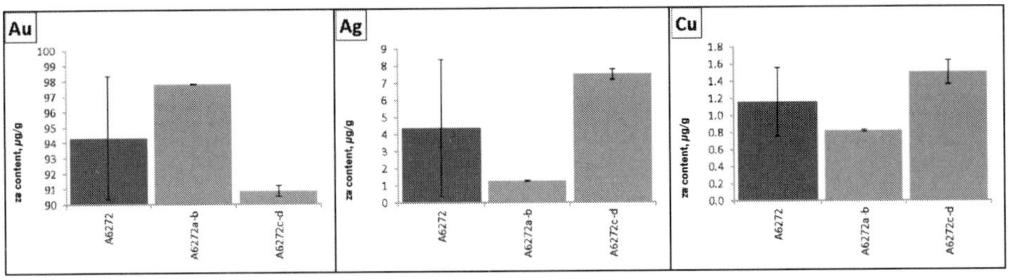

Figure 7. Examples of elements for which the data obtained from the ablation of the selected areas marked (A 6272a-b) and (A 6272c-d) shall not be averaged as A 6272 median values, because of the incompatibility with the information from the quantitative data obtained from the LA-ICP-MS measurements.

Conclusions

LA-ICP-MS allows local information on the inorganic composition of solids to be obtained, therefore it allows for the inspection of the homogeneity of the analysed objects:

(i) The results obtained for the studied coins show a high degree of homogeneity characteristic of coin A 6273 (cat. no. 278), for which the data obtained from three ablation areas can be regarded as generally consistent and allowed for the determination of the bulk elemental composition for the entire examined object.

(ii) In the case of coin A 6272, the differences in the elemental composition between the individual ablation areas are clearly outlined, and evident not only for the elements at the level of trace content, but also for the main elements.

(iii) The obtained data show clearly the existing discrepancies in the main composition of the alloy (Au, Ag and Cu) of the coins in the selected ablation areas. For this reason, implementation of the mapping of these elements using the XRF method (which is non-invasive and non-destructive) would be advisable. Only the estimation of the degree of heterogeneity of the examined coin will allow for reliable inference about its elemental composition.

Translated by Adam Degler
Consulted by Barbara Wagner (technical language)

APPENDIX 3

Adam Degler, PhD

The analysis of the results of the metallurgical examination of Severan coins in the Ossolineum collection (numismatic standpoint)

Metallurgical examinations were carried out in two different centres and using two different methods in order to obtain information on the elemental composition of seven coins. It was planned to examine more coins, but it has proved impossible at this stage. There are two reports on the research in appendices 1 and 2. Five denarii were inspected using the ED-XRF method (*Spectroscopy Using X-Ray Fluorescence Spectrometer Table With Energy Dispersive*) by Beata Miazga, PhD, assistant professor in the Laboratory of Archaeometry and Conservation of Artefacts, Institute of Archaeology at the University of Wrocław (cat. nos. 23, 32, 71, 244 & 274). Two barbarous imitative aureii were examined using the LA-ICPMS method (*Laser Ablation Inductively Coupled Plasma Mass Spectrometry*) in the Biological and Chemical Research Centre at the University of Warsaw by Barbara Wagner, PhD, from the Department of Chemistry at the University of Warsaw. Only one of them was included in the catalogue (cat. no. 278). The other one is inv. no. A 6272 (see the last Table at the end of catalogue).

As far as the coins examined in Wrocław are concerned, samples were drilled from the inside of the coins at their edges to the depth of 3–5 mm and with a 0.5 mm drill. The sample size did not cause violation to the integrity of the structure of the coin, but turned out to be insufficient to carry out further metallurgical examination by the ICP-AES method (*Inductively Coupled Plasma Atomic Emission Spectroscopy*) at the Wrocław University of Technology. The ED-XRF examinations have confirmed the phenomenon previously described in numismatic literature of the higher silver content on the surface (above 50 per cent) than inside (the range of 50–45 per cent) of the coins ([9] pp. 11–12), and the maximum difference for the individual coins was: A 2316 (cat. no. 32) – 21 per cent, A 2337 (cat. no. 71) – 8 per cent, A 3866 (cat. no. 244) – 15 per cent, A 6017 (cat. no. 23) – 33 per cent. In the case of the first three coins, these are typical surface enrichment values, however, in case of A 6017 (cat. no. 23) the difference is higher than the average. This may be related to the fact that the coin was probably aggressively cleaned in acid before being acquired by the Ossolineum (besides, it was also lightly retouched).

In general, metallurgical examination of Roman coins from the Severan era enabled the verification of their mint attribution. The denarii from the Laodicea mint should contain three to four times more nickel than the denarii from the mint of Rome as a rule. Four coins from the Ossolineum's collection, representing types minted in both Rome and Laodicea, were inspected. It must be emphasized here that only relative relation between them was taken into account and not the percentage values given by Gitler and Ponting, since these two scholars referred to the coins measured by AAS (*Atomic Absorption Spectrometry*) and not XRF ([9], p. 13). The examinations confirmed the mint attribution of two coins assigned to mint in Rome which contained respectively 0.04 per cent of nickel (A 2337 – cat. no. 71), and 0.03 per cent of nickel (A 6017 – cat. no. 23), and one coin assigned to Laodicea with 0.2 per cent of nickel (A 2316 – cat. no. 32). In the case of one specimen – A 4010 (cat. no. 274), we should attribute it neither to the mint in Laodicea nor Rome, as the alloy contained, apart of copper, 18.16 per cent of tin and 3.2 per cent of lead (and only 0.1 per cent of nickel) under the heavily mineralised outer layer. The coin had a higher content of arsenic (0.2 per cent) and antimony (0.1 per cent) than the others. Therefore, coin A 4010 (cat. no. 274) had to be classified as a product of an unofficial mint made of base metal. Denarii with a high tin content in the alloy are known from numerous sites throughout the Roman Empire ([9], p. 46). Judging the fifth denarius only from its appearance, I considered it to be base issue with some lead content, but it actually has a chemical composition typical of the denarii from the mint of Rome (A 3866 – cat. no. 244). Four out of five denarii analysed contained 0.3–0.6 per cent gold and 0.2–0.4 per cent iron on average.

The examples of A 3866 (cat. no. 244) and A 4010 (cat. no. 274) coins prove that the assessment of the alloy composition made without metallurgical examination can be deceiving. The case of the A 4010 coin (cat. no. 274) was instructive, since yellow metal could be seen inside the hole left by the drill. This observation was the starting point for the re-examination of other denarii under a microscope, which helped to identify several more coins characterized by grey surfaces and yellow or reddish insides. The non-ferrous metal could be seen either on the filed spots on the edges of the coins – a feature indicating that they were checked in the past – or in the most heavily worn places on the surface. All those specimens bear more or less distinct features of casting.

Metallurgical examination of the runic imitative aureus (A 6273 – cat. no. 271) which was conducted using the minimally invasive method LA-ICPMS allowed for the identification of the composition of the alloy as follows: Au – 75.64%, Ag – 22.75%, Cu – 1.54%. The following major trace elements were detected: Zn – 500 μg/g; Fe –361 μg/g; Mn – 71.6 μg/g; Pb – 62.9 μg/g. Additionally, a second gold imitative coin (A 6272) from the same WCN auction (auction no. 21) was inspected, but it was not included in the catalogue due to the fact that its prototype was a coin of Diocletianus or Constantius I (see the last Table at the end of the catalogue). The results of the examination of these two coins can be seen as a good starting point and a useful reference for future metallurgical examinations of the earliest Germanic coins imitating Roman coins.

The conducted metallurgical examinations confirmed that, in order to get reliable results, one needs to perform invasive tests, not limited to the surface of the coin only. The minimally invasive LA-ICPMS method seems to be the best solution, since it examines the inside of the coin, the sampling points are virtually invisible to the naked eye, the change of weight of the sample itself is practically undetectable and, finally, this method gives the most accurate results for several dozen elements (isotopes) measured at the same time. The usefulness of such examinations varies, depending on what coins we are dealing with. Most denarii are described in the catalogue as 'billon' and we should expect of the measurements no more than the specification of the percentage of copper, silver and other elements. The relations of copper, tin, zinc, lead and other trace metals in the base metal coins may be quite variable and the metallurgical examination of such coins can bring forth new information. Even more important are the metallurgical examinations of barbarous imitative coins. Such research has not yet been undertaken, and therefore every newly inspected specimen is valuable reference material.

LITERATURE

[9] – see page 20

ANEKS 3

Dr Adam Degler

Analiza numizmatyczna wyników badań metaloznawczych monet Sewerów ze zbiorów Ossolineum

Badania metaloznawcze zostały przeprowadzone w dwóch różnych ośrodkach i za pomocą dwóch różnych metod w celu uzyskania informacji o składzie pierwiastkowym siedmiu monet. Początkowo planowane były badania większej liczby monet, jednak okazało się to na tym etapie niewykonalne. Szczegółowy opis badań znalazł się w raportach (por. aneksy 1 i 2). Przebadane zostały monety o następujących numerach katalogowych: 23, 32, 71, 244, 274 (badania we Wrocławiu), 271 (badania w Warszawie), oraz jedna moneta, która nie jest uwzględniona w katalogu (por.: ostatnia tablica na końcu katalogu). Pięć denarów zostało przebadanych za pomocą metody ED-XRF (spektroskopia z użyciem stołowego spektrometru fluorescencji rentgenowskiej z dyspersją energii) przez dr Beatę Miazgę, adiunkta w Pracowni Archeometrii i Konserwacji Zabytków Archeologicznych w Instytucie Archeologii Uniwersytetu Wrocławskiego (numery katalogowe 23, 32, 71, 244, 274). Dwa barbarzyńskie naśladownictwa aureusów rzymskich przebadane zostały metodą LA-ICPMS (spektrometria mas z jonizacją w plazmie indukcyjnie sprzężonej po ablacji laserowej) w Centrum Nauk Biologiczno-Chemicznych Uniwersytetu Warszawskiego przez dr hab. Barbarę Wagner z Wydziału Chemii Uniwersytetu Warszawskiego.

Przechodząc do omówienia monet przebadanych w ośrodku wrocławskim, próbki zostały pobrane z wnętrza monety na jej brzegu na głębokość 3–5 mm za pomocą wiertła o średnicy 0,5 mm. Taka wielkość próbki nie wiązała się z naruszeniem integralności struktury monety, natomiast okazała się niewystarczająca do przeprowadzenia dalszych badań metaloznawczych metodą ICP-AES (atomowa spektrometria emisyjna ze wzbudzaniem plazmowym) na Politechnice Wrocławskiej. Badania potwierdziły opisane w literaturze numizmatycznej zjawisko wyższej zawartości srebra na powierzchni (powyżej 50 procent) w porównaniu z wnętrzem monety (50–45 procent; [9], s. 11–12). Maksymalna rozpiętość wyników w przypadku poszczególnych monet wyniosła: A 2316 (Nr kat. 32) – 21 procent, A 2337 (Nr kat. 71) – 8 procent, A 3866 (Nr kat. 244) – 15 procent, A 6017 (Nr kat. 23) – 33 procent. W przypadku trzech pierwszych monet mamy do czynienia z typowymi wartościami wzbogacenia powierzchni monety, jednak w przypadku monety A 6017 (Nr kat. 23) wartość jest wyższa od przeciętnej. Wiązać się to może z tym, że moneta ta była najprawdopodobniej agresywnie czyszczona w kwasie przed nabyciem do zbiorów ZNiO (poza tym była też retuszowana).

Badania metaloznawcze monet rzymskich z epoki Sewerów pozwalają na weryfikację ich atrybucji do mennic. Przebadane zostały cztery monety w typach bitych zarówno w Rzymie, jak i w Laodycei. Generalna zasada jest taka, że denary z mennicy w Laodycei powinny zawierać trzykrotnie lub czterokrotnie więcej niklu niż denary z mennicy w Rzymie. Należy podkreślić, iż brana była pod uwagę tylko ta relacja względna, a nie ścisłe wartości pomiarów Gitlera i Pontinga, które odnosiły się do monet przebadanych metodą AAS (*Atomic Absorption Spectrometry*), a nie XRF ([9], s. 13). Badania potwierdziły atrybucję dwóch monet przypisanych mennicy w Rzymie, które zawierały odpowiednio: 0,04 procent niklu (A 2337 – w katalogu nr 71) i 0,03 procent niklu (A 6017 – w katalogu nr 23) oraz jednej monety przypisanej Laodycei, w której wykazały 0,2 procent niklu (A 2316 – w katalogu nr 32). W przypadku jednego egzemplarza – A 4010 (w katalogu nr 274), badania zanegowały możliwość jej przypisania do mennicy zarówno w Laodycei, jak i w Rzymie, ponieważ pod mocno zmineralizowaną warstwą zewnętrzną tej monety znajduje się stop zawierający, poza miedzią, 18,16 procent cyny i 3,2 procent ołowiu (zawartość niklu wyniosła tylko 0,1 procent); w przypadku tej monety wykazana została także wyższa niż w innych zawartość arsenu (0,2 procent) i antymonu (0,1 procent). W związku z tym należało A 4010 (Nr kat. 274) zaklasyfikować jako produkt mennicy nieoficjalnej, wykonany ze stopu metali nieszlachetnych. Denary z wysoką zawartością cyny w stopie znane są z licznych stanowisk na obszarze Cesarstwa Rzymskiego ([9], s. 46). Piąty denar, którego wygląd zewnętrzny wskazywał przypuszczalnie na pośledniejszy stop z pewnym dodatkiem ołowiu, ma, jak się okazało, skład chemiczny typowy dla denarów z mennicy w Rzymie (A 3866 – w katalogu nr 244). Cztery z pięciu denarów poddanych analizie zawierały 0,3–0,6 procent złota. Żelazo obecne było w stopie na poziomie średnio 0,2–0,4 procent.

Przykłady monet A 3866 (Nr kat. 244) i A 4010 (Nr kat. 274) świadczą o tym, że ocena składu stopu dokonywana bez badań metaloznawczych może być myląca. Pouczający był przypadek monety A 4010, ponieważ okazało się, że w głębi odwiertu widoczny jest żółty metal. Ta obserwacja stała się punktem wyjścia do ponownego przyjrzenia się pozostałym monetom pod mikroskopem, dzięki czemu udało się zidentyfikować wiele dalszych monet charakteryzujących się szarym kolorem powierzchni i żółtym lub czerwonawym we wnętrzu. Było to widoczne albo na lekko spiłowanych brzegach monet – najwyraźniej sprawdzanych w przeszłości – albo w miejscach przetarcia na powierzchni. Można domniemywać, że niektóre z nich już wcześniej budziły podejrzenia kolekcjonerów. Wszystkie noszą mniej lub bardziej wyraźne cechy odlewania.

Badanie metaloznawcze naśladowczego aureusa runicznego (A 6273 – numer katalogowy: 271) wykonane minimalnie inwazyjną metodą LA-ICPMS pozwoliło na określenie składu stopu: Au – 75,64%, Ag – 22,75%, Cu – 1,54%. Spośród pierwiastków śladowych wykryto warte odnotowania ilości: cynku Zn – 500 μg/g, żelaza Fe – 361 μg/g, manganu Mn – 71,6 μg/g i ołowiu Pb – 62,9 μg/g. Dodatkowo przebadana została też druga złota moneta naśladowcza (A 6272), zakupiona na tej samej aukcji (nr aukcyjny 21), która jednak nie znalazła się w katalogu, ponieważ jej pierwowzorem była moneta Dioklecjana lub Konstancjusza I (Annex 2, Figure 2). Wyniki badań tych dwóch monet mogą być traktowane jako znakomity punkt wyjścia i przyszły punkt odniesienia w badaniach metaloznawczych najwcześniejszych germańskich monet naśladujących monety rzymskie.

Przeprowadzone badania metaloznawcze potwierdzają, że aby uzyskać miarodajne wyniki, trzeba przeprowadzać badania inwazyjne, nieograniczające się do samej powierzchni monety. Badania minimalnie inwazyjną metodą LA-ICPMS wydają się optymalnym rozwiązaniem, ponieważ analizują wnętrze monety, miejsca próbkowania są praktycznie niewidoczne gołym okiem, pobrany materiał nie przekłada się na uchwytny ubytek wagi, a na dodatek pozwalają uzyskać niezwykle dokładne wyniki dotyczące badanych jednocześnie nawet kilkudziesięciu pierwiastków (izotopów). Przydatność takich badań jest różna, zależnie od tego, z jakimi monetami mamy do czynienia. Skład stopu większości denarów w katalogu oznaczony został angielskim terminem „billon”, terminem technicznym oznaczającym stop, w którym jest ponad 50 procent miedzi i mniej niż 50 procent srebra; mamy prawo zakładać, że pomiary uściśliłyby jedynie relacje procentowe miedzi, srebra i pozostałych pierwiastków. Egzemplarze ze stopów metali nieszlachetnych mogą się dość poważnie różnić wzajemnymi relacjami miedzi, cyny, cynku i ołowiu i innych, śladowych metali i w ich przypadku badania metaloznawcze mogą wnosić nowe informacje. Jeszcze większe znaczenie mają badania metaloznawcze barbarzyńskich monet naśladowczych. Tego typu pomiary nie były dotąd wykonywane, a zatem każdy nowo przebadany egzemplarz będzie cennym materiałem porównawczym.

LITERATURA

[9] – patrz: s. 20

PLATES

1 

2 

3 

4 

5 

6 

7 

8 

9 

10 

11 

12 

13 

14 

15

16

17

18

19

20

21

22

23

24

25

26

27

28

29

30

31

32

33

34

35

36

37

38

39

40

41

42

43

44

45

46

47

48

49

50

51

52

53

54

55

56

57

58

59

60

61

62

63

64

65

66

67

68

69

70

71

72

73

74

75

76

77

78

79

80

81

82

83

84

85

86

87

88

89

90

91

92

93

94

96

95

97

98

99

100

101

103

102

104

105

106

107

108

109

110

111

112

113

114

115

116

117

118

119

120

121

122

123

124

125

126

127

128

129 

130 

131 

132 

133 

134 

135 

136 

137 

138 

139 

140 

141

142

143

144

145

146

147

148

150

149

151

152

153

154 

155 

156 

157 

158 

159 

160 

161 

162 

163 

164 

165 

166 

167 

168

169

170

171

172

173

174

175

176

177

178

179

180

181

182

183

184

185

186

187

188

189

190

191

192

193

194 

195 

196 

197 

198 

199 

200 

201

202

203

204

205

206

207

208

209

210

211

212

213

214

215

216

217

218

219

220

221

222

223

224

225

226

227

228

229

230

231

232

233

234

235

236

237

238

239

240

241

242

243

244

245

246

247

248

249

250

251

252

253

254

255

256

257

258

259

260

261

262

263

264

265

266

267

268

269

270

272

271

273

274

275

276

277

278

279

280

281

282

283

284

285

286

287

288

289

290

291

292

293

294

295

296

297

298

299

300

301

302

East Germanic imitation of aureus of Severus Alexander, acquired at the 58th Auction of Warsaw Numismatic Centre held on 8th November, 2014 (Cat. No. 278). Scale 4:1.

APPENDIX

RELATED TO THE APPENDICES 2 AND 3

East Germanic imitation of aureus of Diocletianus or Constantius I, acquired at the 58th Auction of Warsaw Numismatic Centre held on 8th November, 2014 (Inv. no.: A 6272). Scale 4:1.